二十一世紀審判的源起

一個台灣思想家
若逢木子／著

自序

與君歌一曲，
請君側耳聽。

古來聖賢皆寂寞，
惟有智者留其名。

十四歲時，遇到一位理化老師，上課的第一句話就讓我矇了！他問「你是誰？」「來到世上要做什麼？」自此筆者常常問自己這兩句話。看到般若多羅之言，筆者感同身受「未曾生我誰是我？生我之時我是誰？」雖有深深感觸，但至今仍然沒有答案。是什麼意義能夠被人類所能理解。

三世因果經：「欲知前世因，今生受者是，欲知來世果，今生做者是。」

陶淵明《榮木》有云：采采榮木，結根於茲。倒底是人生若寄，憔悴有時，靜言孔念，中心悵爾，抑或非道曷依？非善奚敦？可惜吾真乃嗟予小子，稟茲固陋。識我之人皆知吾之簡單而健忘，然利用吾深切之感受力，走訪世界各地的觀察經驗及網路資訊之便利，完成那些善音之集合，於此立言。

對筆者而言，意圖以吾生之覺悟，為思想之傳播，藉著這本書，接近世人心中的道，看看是否能解世間的不平，帶給未來希望。

惜吾感老之將至，恐思想之全部不能竟功，想想歷史上的，或著作、或成就、或思想，並非均能完成於一時，有許多沉寂於戰亂遷徙，更有太多不符傳承條件，不符時代意義者消失於漫漫長河。看到新約繼舊約持續千年以上，接力多人文字，儒家亦有孔、孟、荀等諸子持續展示智慧之言，方有今日之信仰，吾也就坦然面對自然，先於此出版上部對前因之陳述，有關對問題解決之概念及思考導引，端賴後繼出台緣分。

目錄

九一一的故事

讓我們從二十一世紀之初一場準戰爭說起，這場發生於兩千零一年九月十一日在美國東北區的災難，開始即結束的「閃現」準戰爭，一對高聳入天的大樓被摧毀，死亡失蹤者近三千平民。這場號稱冷戰後改變戰略生態的歷史事件，使得以往美國本土不受外力攻擊的神話破滅。

美國自獨立以來一直自恃沒有任何世界島政權的武力可以跨越大洋，對他們做出軍事攻擊，但這個上天賜予的奶蜜之地，讓當時真心誠意信仰上帝的人們，可以在此天許之地創造新生命，歷經兩百多年的努力，不斷的有人群嚮往，陸續來到這片號稱自由民主的土地。可是正因為它自由，資本主義在此就肆意滋長。就開始自以為是獵人或是正義使者，帝國之尊。然而卻在這個時間點，九一一讓他們開始感受到了威脅，而這不是來自於任何一個既存的國家或是文明，而是來自於一個信仰下的神聖使命，不僅讓一個長久以來「保證報復」戰略失去了目標，尤其是這種自殺似的攻擊使得衝突在幾個小時就結束了，攻擊者在達到目的後，轉瞬間犧牲了生命，他們的死亡卻達到宣揚的效果。

被攻擊的目標是極具代表性的雙子星大廈，所損失的人命數字，又符合戰爭的經濟效益，對攻擊方而言，是個既有賺頭，又能帶領風潮的一場準戰爭。美國稱之為懦夫的行為，是因為其中沒有軍事的對抗，他們培植了許久的國防武力，重點放在國外鎮壓，沒有想到在國內，未曾及時面對面的交鋒，不管對手所信仰是否可稱之為聖戰，這些立即上陣、立即犧牲的攻擊者，為了信仰付出了他們寶貴的生命。歷史中這樣的戲碼不知演出過多少遍，信仰大旗上的字眼或是為正義，或是為自由，或是為生存等等不一而足。被攻擊者的當權派，當他們不知改善，抗爭就會逐漸變成一個常態，希冀當權派的垮台或是分裂或是自然消亡，才能終止其間的對抗。當一些信仰者肯為了理想而犧牲生命時，其對手如果不好好審視自己行為的不妥處，相信末日就在不遠的地方。

當時美國總統小布希把追討賓拉登及阿富汗塔利班政權，視為他神聖不可不完成的使命，但是如何的使旗幟正確是很重要的，但在敵人的眼中，這卻是一場聖戰，是一場掙扎，係針對他們認為的邪惡以及錯誤的信念和行動的奮鬥，需要用舌、手、劍，盡心以死來完成，這種認知來對抗美國或是與美國同盟的相關國家，雙方好像都有理？可是這樣的一場衝突，不知孰對孰錯。

伊斯蘭教的理，在於歐美集團不斷的用工業革命成果，侵蝕他們傳統的生活，觸犯了當地的道法習俗，把性自由、毒品自由帶進社會之中，並用武器殺死、傷害、暗算他們的兄弟姊妹及政權，在強大武器的摧殘下，使他們喪失了生存及生活的基本條件，也剝奪了他們得以力爭上游的教育及維持尊嚴的機會。

但從美國的角度，聖戰所攻擊的是平民老百姓，又不打一聲招呼，是一個立足點不平等的戰爭，是他們不能容忍的。他們希望能在戰場上以軍人對軍人的方式一決雌雄。而伊斯蘭教的回應則是：美國用他們的戰爭機器及暗器——特種部隊的暗夜斬首；或是外交賄賂手段；或是提供反對勢力相當的武器，創造對等；許多的不對等，製造當地的混亂。受到傷害損失的不僅只有目標而已，連同可以維持他們生計的資源，也被摧毀或假借名義一併帶走，還成就了美國世界警察的地位。

擁有話語權的歐美將此事件定義為反恐戰爭，這個定義權對一個世界經濟大國而言，是有其優越性的，然而這是否就等同合法化？因此到底正義是甚麼？甚或將宗教信仰打入地獄，讓該宗教信仰者在全世界抬不起頭？但許多人還是寧願把它看成是一場為了維持帝國繁榮，而引發一場對經濟相對弱勢，卻擁有資源國家的進逼，在軍工合體的搭配下進場增加勢力，掩護商人的掠奪。

這些在歷史逐漸明朗的進程中，無法解釋的是：為何雙方人民都有不低的道德層面，善良的心靈在許多畫面中呈現，然而最後卻仍然變成了激烈的對抗。要瞭解其中的原因，本思想從幾個角度切入，看看人類如何的在幾千年內適應生活，從茹毛飲血，部落文明，農業文明，畜牧文明，到海權文明的相繼出現。各人種間或是各種族之中的競合、適應、傳遞基因時心靈的位置，天使與魔鬼之間的錯綜平衡，才能得到一個新世紀的信仰，來解決狹義或廣義戰爭的問題。

設想如果我們把所有族內優秀的人都給你送過去，回來的時候沒有傳授真經，卻還要回鄉蹭百姓福利。允許你割我的韭菜，卻把我們放在風口浪尖，製造廢墟，毀我族秩序，無德無道，圖你私利，那你是一個什麼樣的神？

以西結書28：當你自比神，外邦人必臨，拔刀壞你物、褻瀆你榮光，聖壇必毀於斯。

申命記5:11：不可妄稱耶和華的名，因為妄稱神的名，耶和華必不以他為無罪。

證嚴《靜思語》：「天下的動亂，不是武力可以平息的，唯有愛、感恩、善解、包容才能帶來和平。」

《被切的血管》：拉丁美洲不發達的歷史，成就歐美主義資本主義的發達。

思想的開展

一開始，要如何陳述這個思想呢？當人們各有其領導人，有帝國，有巷議街談，有媒體播放，有網路資訊去解釋人類命運時，什麼才是公平正義、生存標準？人類歷史的這一幕是按照誰之所想、所言、所行去安排整個大局的？

思想源自於西方人質疑中國人為何沒有宗教！東方人沒有宗教這個偏見，見諸於許多的分析報告。要知道西方人在接受基督以前，是有兩個宗教派別的，一個來自於希臘羅馬或是古埃及的多神教，與另一個猶太人的舊約聖經，再由耶穌基督接續，穆士林再續，新教三續的一神教，然後各有信徒，有政治需要的時候就講三位一體。

自羅馬帝國開始，認同了神祉一元論，納入了聖經，接受了上帝是

唯一的說法。中亞及東南亞等多地也接受了來自同源阿伯拉罕之後裔，另訂經文的伊斯蘭。可是中國人或者說東方人的信仰，是來自於對天地山川、日月星辰，這些具有恆久性與必然性的天然的布置，祂們使人們對其朝乾夕惕的精神產生信任感。了解天地規律的人方可為領袖。即使之後有諸多其他信仰進入社會影響大眾，從教義中看到可供大家遵循的特質時，就把祂尊為神，這個神讓人們有了指標性，有了信仰的力量，種種的信仰在民間逐漸形成俗約。

從歷史中，可以很清楚的看到許多的故事；許多隱藏於故事背後的思想；從宗教、或是戰爭、或是事變、或是政治主張的邏輯，歷史的演進，讓我們可以感受到冥冥中的趨勢。

也能從歷史的衝突中，知道實力原則也是亙古不變的真理，正義的主張如果沒有實力作為後盾，存在是一種虛幻。宗教信仰只是作為一個後續，撫平傷痛讓生命得以延續的力量。

如果一個思考是高於一般人，那首先就得把歷史看得更為透徹、視野放得更遠、有更多的面向、把人性看得更深一些。因此當我們看到古之聖賢的智慧及歷史演變的過程，預見百年或千年以後的世界，或是看到眼前用天、用地、用萬物的角度來比對人類的行為，包括戰爭、交往、信仰與共識後，是否該懷疑人類的存在，是否對得起其他角色的犧牲、被利用，是否人類其實只是個災難，以至於人類可能會讓地球沒有百年的將來，甚而可能毀滅在當下，萬物更有可能會在地球消失之前而滅絕。人類自以為是的態度，使得一切災厄即將出現，如同一神教一直呼籲最終審判那樣精準。

於是揣摩造物者的想法：實在沒想到，真的沒想到，以為世界大同的日子已經快要到的時候，卻有一批貪、嗔、癡的一批人，硬生生地開始走回頭路，將局再度拽回到蠻荒講求實力原則的生態，拉回到種族之間的對抗，把文明的融合變成脫勾，用修希底德的思想來替自己找理由，使國家之間的衝突拉大，更有甚者，原本已經對天、對地之間的環境有所認知的一批人類，集合起來讓造物者所創造的，利於人類或萬物生長環境有所改進時，又有更多懶惰、偏見、傲慢之精英，率領著貪食、縱慾的普羅大眾，延宕了所有的進程。造物者會說：「我有永恆，有時間可以等待，我有力量，為了地球的存在，可以排除人類，如果人類願意留在爭鬥之中，願意毀壞自己的居住地，那也是人類自己的選擇。」

不過，這一切使得造物者更加失望，不知能否在世界大同之前，讓地球的大氣、天光、氣流、原林、山川、海洋、土石、植被、禽獸能夠恢復到平衡的狀態，但是聲音告訴我們，造物者仍然願意引渡願意向善謙卑之人。

原本造物者用了幾百萬年的時間，將人類從家族變成宗族，然後變成部落，組成鄉鎮與城市，開始了人類的文明。在族與族，城邦對城邦的相互傾壓中，集合成了國家，開始是一個民族的國家，繼而變成多個民族，相互交換基因、發現、成就與創造，繼而，當他們能夠認知造物者的希望後，在這個百年，能夠慢慢的由國家變成了區域組織，希望最終能夠成為一個集合體的大趨勢，把生活方式、政治制度、宗教信仰、自由接受程度相同的人類聚集在一起，共同謀求一個理想世界。

可是現今連造物者也懷疑這個任務，在地球人摧毀這個世界之前能夠達成？

聖人之所以被歷史驗證為聖人，顯然的，他的思想被其族人引以為圭臬，是有其對道德的盼望，認為大同世界、理想國是一個人類可以做得到的境界，只可惜當今的人類在工業文明下迷失了，原始的慾望讓人類所賴以維生的天地萬物受到無比的重創，人類中有認知的一群，卻無法阻止大多數人「自由」的奔放，聯合國與多邊主義的作為遭到，無法為天地立心，為百姓立命反智人士的阻擾。當年商君與秦孝公對，商君問求賢所為何？秦國法治所為何？孝公曰為國強。商君再問，國強後又為何？孝公曰，如有可能，望能一統天下。區區一國之君皆有其理想，造物者的理想呢？人類有想過嗎？

此文及後續文字的目的在於讓人類有充分的知，再度重回世界運行的軌道，主導世界村的建立，也能成功保護天地萬物，維持正常生態的平衡，這是人類的責任，也是在自由使用萬物該有的行為。

東西方聖人皆不約而同的談到世界大同與理想國，何以今之人民，卻不能從歷史脈絡中，知曉前進的方向而彼此撕咬。

老子云：天地不仁，以萬物為芻狗。聖人不仁，以百姓為芻狗。

繼聖云：是以善待天地為人之本，善待百姓乃君主之本。

古蘭經109.6：你的宗教歸你，我的歸我。

繼聖云：信仰各自表述，各自認同，信者恆信，毋必有扞格。

繼聖云，菁英賢能之人，有其信睦，所為公益，方能領導而入大同。

繼聖云：無天地無以養生，無天地無以育民，民無往聖之心，無以開太平。

蘇格拉底：理想城邦也者，應是有能輸出思想、服務、設施、物資而非擴張、挑撥、侵略、奢靡，應有智慧、剛毅、公平而正義，人民樂於知、真、善，常變臆想為信仰，常以思考趨理性，領導者應以學習、思考、辯證、回饋、負責為己任。所謂正義也者，乃同心、同意、同力，妥協而自制。

繼聖曰，理想未捷身先死，常使天地淚滿襟。

繼聖曰：恨只應存在於對立，而消失於希望之中，愛的存在永久遠，不會因恨而消失。

人類何以為萬物之靈

動物之所以能夠維持其族群生存必須要有的行為有四：那就是「聚眾」、「食物儲存」、「訊息傳遞」與「職務分工」。

說到「聚眾」或曰「抱團」，動物以相互聚集取暖，增加抵禦外侮能力，取得足夠延續基因的條件。然而不是只有人類！許多動物都會聚眾，沙丁魚、企鵝、野牛、斑馬等等，離群幾乎等於死亡，於是聚在一起增加聲勢，或者一起對抗掠食者的攻擊，或者，即使讓侵略者得逞，可是由於掠食者的食量有限，讓牠取得一些犧牲品，作為群體的大部分，得以成功延續族群生存。可是生物仍然需要更多一些的特質才能進行多元的生存演化，那就是食物的儲蓄了，為了應付大自然的變化，地震、風災、天火、海嘯等等，食物常常不能持續供應，因此老鼠、狼等知道要將它們平時賴以維生的食物，儲存於自己的巢穴或是埋藏於山凹冰冷之處，或像蛇、熊將脂肪駐放於自己身體之內，以維持生命的延續。

「訊息傳遞」則是最重要的存活基本條件，當我們養貓，要貓砂或是當看到狗狗用後腿在水泥地上向後踢蹭，就知道它們祖先的目的是要避免自己的排泄物在風中被追捕者知道，這種基本動作的訊息傳遞，讓族群或個體得以避免被吃掉。

更進一步的特點就是要懂得如何「分工」，在分工中能夠取得更多的食物與更多的保護。蜜蜂、螞蟻是個中翹楚，負責生育的、覓食的、戰鬥的任務各自不同。於是生物就在這些條件下活在生物鏈之中。

但說到人類之所以能夠成為地球上的萬物之靈，不參與食物鏈循環，除了上述的「聚眾」、「食物儲存」、「訊息之傳遞」、「職務分工」外又多了一樣，得知道如何「利用」工具或是非我族類來完成自己任務，於是人類才變得世間無敵。

人類利用輪子來運送食物；利用家畜來代步或耕種；利用武器來進行戰爭；利用戰爭取得奴隸、牲口及土地；利用殖民地取得所需物資；利用工業吸引農業人口；利用通路推銷產品；利用市場布置商業網路；利用收入的高低，或是人們對自由的嚮往，維持他弱我強的格局；利用整合人類的智慧形成具有造物者的能力；利用人類對慾望的追求，分化對手的團結。逐漸的，人類就快要成為了造物者了，只是欠缺了對人文、心靈的提升。

從另一個角度來看，動物體內以其功能來說，有「胃酸」可以消化食物，支持動作的能量；有「荷爾蒙」支持生理慾望以傳宗接代；有企圖「固守疆域」的心，以保證前兩件事得以完成，因此為了果腹；生育；保持疆域，常常會做出非理性之事。可是有人接續的說，進步的人類還應有靈魂上的三個機制，那就是「感受」；「意願」與「思考」。

前三者讓人類產生慾念與動機，後三者則可產生方向與速度。可是很不幸的，前三者能成就的事不大，基本上就是保證能夠活著，因此所犯的罪行也是有限的。在動物的潛規則中——吃飽了就不再破壞食物鏈的行為，使得動物的原始自由，即便有罪也不會擴大，可是後三者的作為，如果不能正心、存愛、嘉善、感恩、回饋，如果對於自由沒有責任心，甚至夥同群體霸凌弱勢，讓惡力增加，那豈不更為糟糕？

中國人認為人生於天地之間，必須排除千災萬難來適應、來存在。但西方則不然，以道明會的阿葵那則宣稱：自然，遠在甚至是數百萬年前的動植物，是為了只有二十萬年歷史的我們——人類才創造的。人類不存在於世界上也許不會有甚麼不同，但是有了人類，地球應該有所不同？如果地球因為有人類而頻臨摧毀，這符合造物者的期盼嗎？

當人類懂得利用符號紀錄——開始是使用硬物畫在石壁上，逐步發明出筆及紙，繼而用印刷術傳遞經驗；利用聲音，利用舌、唇、齒、喉的互動叮嚀——創造不同的腔調，高低音階告知安全與危險；發現藥物來治療疾病；為了了解快樂與悲傷，創造禮儀與藝術，利用視覺影像傳達事實真相；將實景知識與經驗，利用印記將「感覺」、「意願」與「思考」告知後世，以歷史、智慧為藍本教材的「傳承」，更是使人類能夠在短短的三、五千年就超越了億萬年所有生物的成就。

自始，才有人類自以為可以與造物者平起平坐的感覺與態度！

《哈姆雷特》：人，乃宇宙之精華，萬物之靈長。

《尚書泰誓》：惟天地萬物之母，惟人萬物之靈。

繼聖云：無天地，則無萬物，無萬物，則無顯人之為靈。

《荀子王制》：水火有氣而無生，草木有生而無知，禽獸有知而無義，人有氣、有生、有知，亦且有義，故為天下貴也。

繼聖云：何為貴也，必先貴天地萬物，爾後方知貴之義。

繼聖云：群聚因此可以得到一個規範的公約數，是非黑白的公約數，由這個公約數延伸而得到道德的標準。

造物者的存在

當達爾文，一個虔誠的基督徒在追尋、確認上帝真理時，所發出的疑問是：人類是自然進化而來的？還是由上帝創造而來的？現有的證據雖然證明人類的演化，可能與宗教一點關係都沒有，可是在當時，講基督的天主教是不容許如此的推演。人類學專家帶領著人們揣測人類的源頭，推演著基因是在哪一地發生，但是多種顏色的人種，散佈於全世界，黑種人？黃種人？抑或白種人孰者為先？夏娃理論的起源單一說並不一定是正確的，或許現代人類並不是只起源於非洲。

世界上許多的國家，有著許多的人種、語言、文化，不論是黑人、白人、東方人在全球各地傳遞基因，直到二十世紀，才有彼此真正的接觸、往來、溝通、交流、相互利用，雖然殖民思想自十六、七世紀開始，直到十八世紀末才式微，但是看到身高體重類似，五官同位，骨骼

數量結構一樣，血液全是紅的，感覺無所異。

生命的過程與其需求，縱使因時、因地、因勢而不同。但擁有胃酸，荷爾蒙及圈地習慣的人類，讓達爾文發現最後的答案卻是不利於教會的。這個結果只能證明物種的演化，卻不能證明上帝或是佛法的存在。除了語言、文化不同外，看不出人種間的差異。如果他們不同源，是無法解釋其中奧秘的，所以有造物者的說法，是成立的。

一神論所要證明的，不是有沒有造物者的問題，而是要證明造物者是以人類為主體的創造，假如人類只能證明祂是白天、不是晚上，是有溫度的、不是寒冷的，那祂所指的不就是太陽嗎？假如人類證明祂對人類而言是正義，那對天地萬物的正義何在？幫助自己貪、嗔、癡的就是神祉，傷害自己的就是不正義，那祂與薩旦有何不同？如果邪惡不是祂創造的，正義就是祂創造的嗎？事實上胃酸、荷爾蒙與權力慾望不都是造物者放在動物體內的機制嗎？因此當一神教說祂是唯一、是無所不能、是正義、全能、全知、全善、無所不在的。那就有許多可以值得研究的地方了。

事實在歷史上，當君權神授的理論被天賦人權推翻時，當權力及財富是可以用人際關係、欺騙手段、鑽營拍馬、威脅利誘、激發罪惡、團結力量累積的時候，宗教也就失去了信奉的魅力。

歷史中，西方人在神權統治下，相信宗教能來帶給他們許多信心，而東方人卻在帝制下，認同統治者即上天之子，秦始皇後，漢朝天子從百家中選擇了儒家思想來帶領政治，後繼朝代陸陸續續的在文人的研究下將中國人的「類宗教」思想融入了政治。

西方人在法庭中，會面對代表神力量來源的聖經，相信所有的人不會說謊，但對東方人而言，在皇權下，天子誅殺全族人的懲罰，才是最具威脅性的，因此只有配合指鹿為馬的權力，才能存活而延續香火。

在戰爭或是比賽中，西方人要求神的保佑，希望得到正義的眷顧，而活著就代表正義，掠奪成功就不是罪過。然而東方人面對戰爭，說的好聽一些，是希望和平才上戰場，其實常常是因為被動才參戰，因此欠缺勝利的企圖心，只是為求活著而戰鬥，是以常常在強權下，四處奔逃而躲藏，或是苟延殘喘成為奴隸。

中國人在面對比賽或考試，總希望能夠出人頭地，但也寧願相信運氣或者靠關係。但西方人的神，代表一切正義。法庭上或是戰爭中的失敗者，往往變成奴隸或是終止生命的延續，因此在事件之前會做祈禱，一旦勝利則戴上神的光環與祝福，恣意的享受勝利的果實。東方人則視皇帝為權力的來源，生命的主宰者。因此領導人就是他們的神，至少在面對上述幾種場景時是有效的。勝利者不能沒有皇權的再保證，失敗者更只有祈求領導的慈悲。因此聰明人往往在盛世時出仕，皇權低落時，大隱於市朝，小隱於山林。兩種不同的心態卻在一個地球上活著，他們在大航海時代之後交流的過程，是造物者的安排抑或是上帝的？

因此當我們討論戰爭，當拼搏主動發生在動物身上時，原本只是為了對方是否可以成為自己的食物，或是為了傳宗接代，或是是否因為反對其他生物進入所圈之地，而引發的自衛行為，即便是曾經會產生全面戰爭的螞蟻，也只會偶一發生，可是到了人類卻樂此不疲，這是造物者所創造的嗎？

人類之間以武器相互決鬥，大規模的殘殺為戰爭的定義，勝利者往往取得生命及財產的主宰權，失敗者淪為奴隸或俘虜。所為不僅限於食物及荷爾蒙的理由。造物者到底在人的身上如何的布建？

對造物者而言，農業已經是一種進步了，人們在春耕、夏耘、秋收、冬藏的規律中，種植足以維持生活的糧食，在溫帶或更好的的環境中只要勤奮與儲蓄，生存就不是問題。至於畜牧文明雖然比較辛苦一些，家畜的食物就生長在地上，只是需要不時的移動而已。但是當氣候變化時，因為草原未能如願的循環，或是因為傳染病使得有賴畜牧生存的生活變得困難時，人口就會變得粗暴，會來到富裕的南方，用一些激烈的手段，希冀能得到一些存活的機會。至於海權文明，他們的生存條件可能就更差了，在脫離人群補給的地方，隨著波浪漂泊，抱著隨時戰鬥的心態，有隨時死在異地的可能，所得到的戰利可能難以果腹。當日本、英國、北海諸國，位居寒帶之島或地，無法進行有效的耕種，於是只有出外透過海洋進行貨品交換及掠奪，直到大航海時代及工業革命開始，在有了殖民地以及智慧的開發後，他們首先帶領世界開創了海權文明，但是畜牧文明或是海權文明的主動侵略性在西方文明中有著主導的地位。這從航空母艦的開發歷史有絕對的指標關係。這些造物者的安排有正義嗎？有公平嗎？有善良嗎？祂會在人類覺得不正義、不公平、不善良的場景中出現拯救弱者嗎？

所以將世間的所有神明回歸到造物者的身分，勤耕心中善田，認定不斷提高道德高度的人才配享黃金屋、碧玉階的論點符合神明的希望？

如果人類存在的意義僅僅是和其他動物一樣參與地球的碳循環、水循環的話，人類就只是萬物生活的殺手，如果地球本身——就蓋亞假說——是個有機體，那人類與魔鬼何異。

「不信我，不服從我」，宗教就視殺人放火為理所當然，在「全球倫理」多元化世界的公共秩序、書籍內容中都站不住腳！

羅馬書1.20：自造天地以來，神的永能和神性是不證自明的，雖眼不能見，但藉著所造之物就可以知曉，讓人無可推諉。

繼聖云：吾雖不能認定造物者就是神，但祂肯定是人類生命的開端。雖不能知道與其他生命是否同一起源，但卻感激天地萬物與我們同在。

蓋亞假說：生命不是為了自己，才讓地球變得宜居。假設這個地球是個有機體，在其上存在的生命與環境的相互作用，使得地球適合生命能夠持續生存與發展，而人類只是一個配角。

繼聖云：有天之時，有地之利，有物之散布，有物之用途，方有人之存在。

張獻忠：天生萬物以養人，人無一物可報天。

繼聖云：造物者們創造了天地，創造了萬物，而人類耗盡了天地之精華，劫取了存儲萬年之萬物，至今害得大氣日光流風變調，也害得平原山川海洋失去顏色，更使得禽獸植被土石離了本位，如果人類不能提升心靈，不斷增加貪婪的個體，那人類的存在，對造物者來說，簡直就是噩夢一場。

繼聖云：天體運行的誠信千年不變，是人們信仰的源始，是形而上的指標。

俗語說：在人群體當中的體現就是典章制度，無法規範的就是倫理道德。

莊子：道，自本自根，永遠存在，故萬物自道而生，萬物有形，道為無形，是故有生於無。

李白：天不言而四時行，地不語而百物生。

俗諺：美國印地安原住民陶德部落有個禁忌，到了春天時，所有馬的馬蹄鐵都要卸下，而且部落的馬車也不能隨意奔馳，必須慢駛輕行，因為他們認為春天是大地懷孕的日子。

造物者的感受

近日一則新聞，在新冠病毒發展迅猛的日子中，一個西方強權的總統發文宣布某日為對神的祈禱日，要求人民向神祈禱，以期得到疫情的和緩。這段媒體發表，不禁讓我既感到欣慰，亦感到難過。欣慰的是人類仍然知道我的存在，需要我出現來拯救他們，難過的是他們還是有些人在遇到困難，常常還是自己闖禍而導致的災殃，沒有辦法時才來向我祈禱，他們卻始終自持著傲慢與偏見，無改於對貪欲與懶惰的嚮往。

對於中國人，我的感覺依然相同，他們在疫情中一直是直接面對，捲起袖子不斷尋求方法，不論是衛生保健的；或是提供免費的試劑尋找病蹤；或是群體隔離拒絕傳染；或是提供足夠的醫療環境；或是尋找醫藥解方，不論是西藥、中藥、草藥、食物的、衛教的幫忙解決病情。他們沒有找我來解決困難，是忘記我的存在嗎？他們能夠自立自強，不就是我對他們的期盼嗎？用一個做父親的角度來看待這些人類子孫，我都愛他們，可是從這裡就知道他們的不同。

我要救他們嗎？要知道萬物都是我創造的，人類從哺乳動物中出類拔萃，成為萬物之靈，脫離了生物的食物鏈，但是，每一個生物個體都是我的精心傑作，可是如果它們中間任何一個被環境所淘汰時，我不會流淚，我不會施以同情，我會向攝影師凱文卡特一樣，任由事情發展。總不能救一個自以為能成為上帝的物種，卻讓許多生物成為犧牲品吧！事實上如果食物循環告終了，人類能夠獨活？

當人類把我看成萬能、萬知、道德高尚的神時，為我樹立經典、神像、甚至於建築輝煌的宮殿，讓人們對我默拜，接受他們提供的貢品與犧牲。我也試圖的從心態上讓自己變成他們的神，試圖理解他們的想法，集體的共識。我時常在寂寞時逛到夜市，人們聚集的所在，看到販夫走卒、男女老少以謙卑真誠的心情；守著誠信原則生活著；遇到周遭的弱者就會帶著憐憫給予同情；幫助遇到困境的生物脫離苦難，自由放行。汲汲營營、誠誠懇懇對待這個世界時，我就能感到實心滿足。但是一旦看到勞資對立，有錢、有權之人挾著權勢錢勢，倚強欺弱，剝奪平民的資源與勞力，善用自己的優勢霸凌或是挑撥來取財、取樂，我就感到不舒服。感動的故事千千萬，慈悲的、憐憫的、施愛的、佈善的、寬大的、虔敬的，但最為之動容的莫過於感恩的、回報的。令人憤怒的行為有懶惰的、貪婪的、忌妒的、偷盜的、姦淫的、挑撥的，但最令人氣不過的就是慾念不止的、反噬的。可是神能出手相救這些犯罪的人嗎？身為造物者，只接受物競天擇的論點。任何行為只是他們得以生存的技能而已，當他們沒有自信、沒有力量、沒有條件、沒有說法的時候，他們就會運用暗黑方法取得優勢。我可以接受，但是慾念不止的、不感恩的就造成了現代人類環境的惡化，不是嗎？

人們口口聲聲說只相信神。但實際上他們的行為已經逐漸離開了正朔，意圖凌駕於我，轉而侍奉撒旦，利用人性的弱點，貪圖自己的利益，而不是提升心靈層次。歷史中，我沒有阻止殖民和奴隸其他民族，但人們卻將我給他們的萬物消耗殆盡，自己立的經文或是秩序規範要人們正正當當做人，而他們卻有人一直偷偷摸摸的挑撥著自己的兄弟，覬覦鄰人的財產，違反他們自己與神的約定。

要知道宗教裡會奉獻生命的不是祇有耶穌！佛陀割肉喂鷹，中國歷史中的表率，比比皆是。其實說穿了，只要個人內心修好心田，讓善、讓道德、讓真誠駐進來，是乃修身齊家之開始，信教或不信教，唸經或不唸經，祈禱或不祈禱，都不重要。但要讓社會安寧，需賴治國平天下者，真正能夠集眾人的意見，跟隨歷史的腳步，修正錯誤，規劃出眾人該遵從的法律或規範才是正理。是以貴為君者，非但要以身作則，引導人心之所向。也要能組織正確之法律，創造公平的遊戲規則，讓社會得以和諧。

有一則故事說得好，當一個富翁彎下腰來問被他施以援助的小男孩時，那小孩說：「我想要記得您的臉，這樣等我到了天堂，還能認出您，並且再次謝謝您。」他說這是這輩子最快樂的時刻。

他的快樂就是我的快樂。

我也喜歡旅行世界各地，藉著職業之便到社會各個角落接觸各色人種，看到一般人無不盡力奉獻生命；價值肯定；傳宗接代。也看到社會上帶領族群相互對抗，當有錢人還想更有錢，懶惰之人依舊懶惰時；政客們在政體內煽動欺騙；或是領導們想方掩護權力，既得者偽善的作風，心中就燃起無名之火，但我要從什麼角色立場來介入呢？

其實我能如何呢？他們身體內的機制是我的傑作啊！有胃酸讓他們知道飢餓後能主動覓食，卻又不能無限延長壽命；腦力及體力需要休息，不會整天無所是事；休息夠了後一定得喚醒機體，不致於一直躺在床上；有荷爾蒙，讓他們不要忘了基因傳承；為了讓領域內的獵物能夠盡歸己用，於是就得建立勢力範圍，不讓他人染指。種種的機關設計就是讓動物能夠有條件的存活，與他種動物競爭才能活得盎然。因此擁有技能多、優秀的生物就能脫穎而出，帶動全球的進步。然而當西方帶動全世界擴張市場供應鏈，無度的使用油電及淡水，不斷的排放二氧化碳，放任全球暖化。這是我的希望嗎？

從文化上來看，在華人地區，語言上的歧視不是沒有，但那多屬於地域性的或是財富性的，不是針對種族的，在華人圈說你是哪一種族的人時，往往不帶有任何種族歧視，只代表一種生活習慣，或是不同的宗教，或是有某種法律上的權利的不同。但是為何到了西方世界，說你是白人、黑人、華人、老墨或是婆羅門、剎帝利、吠舍、首陀羅或是會變成一個歧視語呢？除了本身的意義或是積習外，這種文化的展現不是自找的嗎？

我沒有審判的說法，但是人類是有的，舊約與新約是誰對誰的允諾？人類引用宗教經文，尤其是舊約，述說審判的恐怖，而現在的世界被工業化讓這些審判變為可能。疫情的傳遞全球；海水暖化的聖嬰或反聖嬰現象；無限的開採讓地震、海嘯更為嚴重；網路的個人化機制或是假新聞散布，讓人類更加偏激或衝動；惡性循環及即將造成食物鏈的斷裂；媒體的靠邊行為政治族群化、宗教奢言合作，制止人類的反倫理，結果呢？還是回到強權政治主導，種種種種好像又要讓我從來一遍，摧毀所有，建立另一個世界?!

如果有哪個人能聽得懂，我會告訴他，耶路撒冷不是唯一流著奶與蜜的地方，北美，南美或是台灣，即便是歐陸或是遠東，甚或者是月球或是火星，只要是有努力，那裡就應是上帝的應許之地！足以讓許多優秀生命得以誕生，然而耶路撒冷堅持以武力，國境擴張處理中東問題；北美輸出讓世界動亂的軍火；南美則製造擾人心智的毒品；台灣，意識型態的政治運作，自私貪婪的心靈蔓延著。耶穌是什麼！是讓人們做完了錯事，就能得到寬恕的地方嗎？？

我知道還是有許多的善良被傳播著，不僅僅是在基督教、佛教、天主教、甚至於回教或其他道德團體。但他們彼此互相排斥，排它性甚至於存在在基本教義之中，引發的戰爭可說是影響深遠。

身為造物者，我只想聽聽來自青蛙、北極熊、松柏、花朵的聲音。

墨子親士：雖有賢君不愛無功之臣；雖有慈父不愛無益之子，是故不勝其任而處其位，非此位之人也。

雨果：卑鄙小人總是忘恩負義的，忘恩負義原本就是卑鄙的一部分。

以賽亞書42.3：壓傷的蘆葦不折斷，將殘的燈火不熄滅。祂憑真實將公正傳開。不灰心，也不喪膽，直到祂在地上設立秩序，海島都等候祂的訓誨。

朱子家訓：施惠莫念 受恩莫忘

俗語說：人生最開心的事，莫過於以真誠和善良贏得陌生人的信任。

繼聖云：然而當受了恩惠的人類，一點都不知回饋，毀了、用了、糟蹋了、還再要得更多。戰爭也許是個必然，但人性呢？不是你們的承諾嗎？

盧梭：人之所以會走入深淵，並非因為他們無知，而是他們自以為無所不知。

歷史長河

維基百科上歷史指的是人類社會過去的事件和行動，以及對這些事件行為有系統的記錄、詮釋和研究。歷史可提供今人理解的過去，作為未來行事的參考依據，是歷史文明的重要成果。

本文所論及的歷史指的是人類歷史而言，不是動物的，也不是地球的，或是宇宙的歷史。人類歷史所遺留下來的痕跡，我們僅能依照當時的場景來想像他們的思想與作為。歷史上曾有過無數個統治者，他們或許的英明讓他的子民享受美的日子，或不英明把人民推向苦難的深淵，歷史充滿著人類自己釀成的災難，大多數至今仍未能逃離這個循環。

歷史紀錄的是地震、水澇、旱災、戰爭、政治大變遷的事，簡言之，就是不符天、地、人道之大事。歷史學家黎東方建議，使用易經中

窮、變、通、久的四段來評論，因為那將適用於東西所有的歷史狀況。因為窮極思變、人有思想了後才有進步的方向。可是也正因為當今世界在工業變化愈來愈快，使用的資源愈來愈多，導致地球的環境愈來愈差，於是通不能久，物欲願望不能停止，計畫趕不上變化，人文趕不上科技，賺取的錢趕不上生活需求，造成的窮境愈來愈廣，於是不能變化就需接受被推翻的命運，另一局面繼之而生，周而復始。

從演變來看，東方的歷史變遷是靜態的，它在遠東的兩河流域孕育而出，逐漸的影響它的鄰居。農業是其根本，很早就有主要的包括小米、稻、大豆等足以維持人民生計的糧食，建立長城能夠抵禦外來侵略，朝代更迭，族群強大時則取得中原政權，周邊民族加入一起融合，當內部政權穩定時，文明因此順勢發展，偶有戰爭，但人民一直期盼和平傳遞基因與文化。

而西方歷史，在未發生地理大發現之前，文明一直沿著地中海逆時鐘從埃及、西亞、希臘、羅馬、日耳曼、拿破崙、英國，然後越過大洋到達美洲，或許是因為生活難易度的關係，於是缺乏了生活或是務農經驗，因此就感受不到天地萬物的威力，以為一切都是為己而生。在隨同一起變化的就是他們的信仰從舊約到新約再到天賦人權的思想，由於西方是在動亂交換及侵略的零和遊戲中茁壯，他們寧願從戰爭或是商業交換中得到生活所需，這從政權或是人民是否重視曆法就可知其端倪。

中東的文明從東羅馬開始，自歐洲東拓，可惜一直活在戰爭之中，又缺少良田農作亂世之中談何思想、成就、教育與平靜，直到石油的發現，才讓大多數的沙漠之子可以過上好的生活，但資源豐富的世界又讓已開發國家覬覦了。

非洲、美洲與澳洲本有可以自得其樂的生活，卻在大航海時代中淪為殖民地，資源人力被攫取，悲摧的命運各有著不同的結局。北美幸運的在歐洲的戰亂中吸取著他們所需要的營養，茁壯於二十世紀。澳洲與南美跟著歐洲的步調，可是非洲在擁有大量資源的條件下被糟蹋，貪字無邊，駭人啊！

從政權來看，身為東方文明中的中國，歷史包含了八十三個王朝三百零五個君王，盛世不過佔各階段的百分之四五十，其中在位不足兩年之君王有六十七人，即位不足十六歲之君王竟有七十八位，幸有權臣如霍光、張居正之流居位調和鼎鼐，使百姓能夠得享一些好日子。

西方的領導者的思維就是不斷的擴充疆域，戰利品與奴隸的多寡，擴張疆土的稅收是成功的標誌。他們的交替截然不同，統治者基本都是前一任指定的成年人，顯然不會隨便將權力交出，但是由於一直不能滿意既有的疆域，性喜凱旋變成一個慣例，即便有短暫的和平日子或和平地域，邊疆或是政權變局之際就是軍人用武之時，放不下軍事力量來經營農業或是工業發展，即便到了文藝復興、大航海時代、工業革命、殖民年代，也從來沒有忘記各式的擴張統治，西伐利亞和約，不僅標誌著主權國家組成歐洲世界，彼此承認政權統治的合法性，而且開始拋棄君權神授的概念，雖然解決了部份問題，選擇了天賦人權的想法，讓宗教與政治分離。但是一戰、二戰還是在各方勢力摩擦下產生了征戰。所以不能滿足統治者的慾望，就沒有百姓和平的日子，跟繼位君王者的年齡無關！跟篡位者的多寡有關，跟繼位者是否能善待人民有關。

到了工業革命，殖民思想抬頭後，日本一個原本就沒有耕地，不是依靠農業的國家，開始學習西方的船堅砲利與殖民模式，起先還能滿意於取得中國東北的准治權，直到西方德國與義大利的邀請加入了二戰，就在失敗後，回到原本的島國領域。幸而有中國的原諒，有美國支援韓戰，使得日本在戰後得以迅速復原，可是有了海權思想的日本，並未放棄他所學習到西方侵略的技能，始終在第三國際流連，尋找其生存的活水，不願放棄他們自西方那裏接受的侵略思想。

從信仰來說，西方從舊約中可知摩西運用十誡將神意納入法律、嚇阻邪惡；穆罕默德利用先知言語建立可蘭經，依聖訓解釋了是非曲直，信徒的道德性；到了耶穌則從新約中利用犧牲提析出人性的最高層次，不讓法律限制住心中的道德觀。一神論可以簡化人的思維，相信祂的全能與全知就能容易的接近祂。多神的羅馬帝國雖然馬上可以取天下，亦想逐步民主化，然而信仰卻無法阻止人的基本慾念。

在東方，雖然也有宗教信仰的園地，但是自從周朝建立了天子制度，君王即為上天之子，直到漢武帝獨尊儒術，讓孔孟學說中的道德層面變成人民的信仰，自此信仰就與宗教有了區隔，人民在面對天災人禍時自尋辦法應對，不會依賴宗教甚至於政權來解決現實的問題。從飲食文化中就可明白：醃製食品來應對荒年；葷素多元化以應付食材的不平衡；天上的、水裡的、山裡的、種植的食物無一不能取之成為佳餚，這些智慧的累積與傳遞，用方法來加強信仰，才能讓族群不致被消亡。歷史證明在中國，人物之所以被稱為神，是在關鍵時刻做了他們該做的事，因此中國人建立許多地面神。亦有順天命、盡人事的體認，天命與人事是分開來討論的，不會說命中有就守株待兔。亦有窮算命富燒香的說法，窮算命是希望能知道成功的機會所在；富燒香，是希望保有現在既存的環境。歷史萃取了精華，中國認為如果僅侷限於某個神未免太過單純了。

亂世之際，常有人會替天行道，或成功或不成功，與正義、不正義有關連嗎？天者，會因為寵愛誰而讓誰主宰這個國家，成為某個地區的領導人嗎？宋江的天肯定與高俅的天不同，但無妨，在一段時間內自然會爭出個優勝劣敗，得出一個贏家。哪個才是準繩？哪一方有正義？哪一族有道德？哪個才是魯蛇呢？歷史會提供答案嗎？

對於中國，曾經來侵略中原的民族包括匈奴、突厥、鮮卑等在其經略期間固然凶狠，但是當中原朝代政權統一之際，他們的侵略自然就被消滅，爾後其族分裂成兩部，一部隨中國漢化，一部隨之西去，中國謹遵易經【比】卦九五王用三驅之精義，絕不勉強。是否是自由的表現？

在論及西方歷史時，聖經是一個重要因素因此舊約所涵蓋的猶太一族就是一個可以值得探討的成就，猶太一族在西元七十年聖殿第二次被摧毀後猶太人就散居各地，雖然猶太人在與混入當地社會亦付出許多努力，但在宗教上反猶的情緒一直無法消除。在羅馬帝國在第四世紀將基督教變成為國教後，反猶的情緒反而無法阻止。羅馬帝國被日耳曼人侵入後，被部分基督化，猶太人就只有有限的幾個行業可以經營，並且限制居所。直到啟蒙運動開始，主張平等主義的觀念才解放了猶太人。其實這跟一般社會的富裕與否息息相關，當時由於大航海時代，歐洲人把企圖心放在海外殖民，富裕的社會就不會在乎猶太人的作為。二戰之前由於德國在一戰失敗後，社會篳衫襤褸，對於束帶從商的猶太族群當然怒從中來。當時科學進一步發現優生學在DNA上的應用，檢驗出猶太的基因後，身分無法掩飾下，致使反猶走向極端，終至滅猶事件的發生。戰後雖然一切歸於平靜，但是到了二十一世紀，當資本主義所造成的貧富差距愈來愈大時，反猶或是反華或是反智的運動就很難撲滅了。這種退步的舉措不斷上演。所以這就是為何要優先處理資本主義所造成貧富不均的問題。

漫漫長河，智者總得從歷史、從現實、從實踐中，必須找到解方，才能讓世界持續走下去。西方真應該好好看看凱旋門的下場，在失敗後、在沒落後，能夠復興的機會要靠什麼。

智者千千萬，總要選出較具有毅力、有持續性的領導思想來帶領。疫情的場景可以看得出，只有海峽兩岸，因堅持清零政策，無私的貢獻疫苗，才有不斷追隨者的跟從。

太史公：史者，稽其興、壞、成、敗之理。

繼聖云：歷史不應該與政治連動，雖然政治絕對是歷史的重要部分，也可以作為政治的借鏡，但如果用政治主張歷史，竄改歷史，中傷歷史，冒用歷史就失去了歷史的真義。

左宗棠，須看古人處一事，接一物，如何思量，如何氣象。

呂祖謙：觀史自思，使我遇事，當作何處之。

許慎《說文解字》指出：「史，記事者也；從又持中，中，正也。」便指出「史」的本意即記事者，是一人執「中」之象。因此歷史原本中立也理應中立。

彼得曼尼奧：歷史不是夢魘，與其試圖清醒，莫如扮演一個偉大故事中的角色。

梁啟超：史者何？記述人類社會賡續活動之體相，校其總成績，求得其因果關係，以為現代一般人活動之資鑒也。

楊照：歷史是過去人類經驗的紀錄。

南方朔：歷史是時間的痕跡，而人類則是歷史的作者，一代代的人在歷史裡留下他們的努力成果，他們的想像，當然也包括了他們的邪惡以及蒙蔽和愚昧。

繼聖云：歷史說明理智能夠成功，情緒代表失敗。

呂思勉：史事哪有真相同的？我們所謂相同，都不過察之不精，誤以不同為同罷了。事情既實不相同，如何能用同一的方法對付。

繼聖云：歷史是能對他們有幫助或者能解救他們生命的消息。

論戰爭

殺戮本是動物界的一個普遍行為，但通常跟食物鏈有關，勝者用膳，負者被食，只是在原野的潛規則下，在吃飽了後，就收起了獠牙利爪，一旁安靜的消化。物種個體之內的爭鬥，大體上就與傳宗接代有關了，在荷爾蒙的催逼下，贏者取得與雌性交配的權利，與人類的戰爭相比就平和而且規模小得多。從人猿的出現，遠離了生物鏈開始，可以盡可能的獵殺動物，開始了農業或畜牧的經營後，為了應付天災，有了儲存食物的習慣。在天災的影響下，於是開始殺戮同類的他族，以取得他族所儲存的食物，讓自己族群能夠存活。

軍事戰爭與食物鏈殺戮一樣涉及生死！涉及自由是否被剝奪！

戰爭是人類所發明的殺戮遊戲，原因很多種，但沒有一個是為了食

用戰敗者的肉體。克勞施維茲：「戰爭就是一種強制性的行動，讓對手屈從為我們的意志服務的一種手段。」

人類的戰爭一開始時是由勝利者取得失敗者的人身自由，與其勞動力，繼而在規則提升的氛圍下，僅只剝奪失敗者的所有物，以滿足勝利者的需求為限的做法，這當然經歷了好幾個世紀。在二十世紀，當有些勝利者表現出更高尚的作法被舉出模範，殖民的行為被杯葛後，軍事戰爭的行為就開始人們了解，改以小型局部戰爭，取得局部經濟利益為限的作法變成主流，繼而是以經濟為其工具，戰利品也就變成是市場、股權或是智慧、權利等等，從戰爭的角度，世界在進步中。

在人類社會中，戰爭指的是群體之間大規模的武裝衝突，通常與政治有著密不可分的關聯性。在中古世紀，戰爭的目的就是擴張疆域，取得奴隸替自己工作，取得錢財充實自己的廩庫。只有人類會發動戰爭，有計畫；有規模地；甚至於會在一種與高彩烈的情緒下屠殺同類。

《史記》是中國一部重要的歷史書，內容只記大事，所謂大事也者，一曰戰爭、二曰天災。更早的歷史紀錄，《春秋》記載的是王與諸侯之間的往來，最多的議題也以戰爭最多。西方最早的希羅多德的《歷史》，更是以戰爭為其主體的散文記載，可見戰爭在歷史上的地位。

侵略性的戰爭對於西方而言是家常便飯，因為那是畜牧文明，海權文明的本質。因為他們也許沒有農業，或是即便有農業，但因為地力不足，因而倉廩儲存不足以應付荒年，於是為了生存而入侵有糧的族群，這種自然的慾望，卻造成被侵略者的煩惱。

在深入探討戰爭議題時，必須先釐清三個詞彙：入侵、從眾與終局。

戰爭中的入侵者，攻擊的一方是有慾望的，是主動的。防守的一方不僅有失去儲蓄的可能，更有失去生命及自由的機會，它是被動的。

入侵者，如要簡單定義，從領地來說，那就是從自己的領地，進入他族的領地就是入侵。反過來說，當未被當地接受，或不友善的進入自己領地來，那就是被入侵。但對現代的社會來說，入侵的指標有四：首先從使用武器來說，航空母艦、潛水艇、遠程導彈、核子武器。先擁有，並持續增加其影響力者有入侵他國的可能。當日本、美國、歐洲諸多航海國家，在二戰時期就以創造了航母為榮，美俄又率先在冷戰期間在核武及長程導彈上互別苗頭，核子潛艇有潛入他國埋伏的工具，顯然的成為了入侵者的指標。

其次，從戰爭英雄來說，當保衛國家而死在自己領土之上的人，其絕對不屬於入侵者的範疇，相反的當國家一直讓軍人死在他國領土之上，還宣稱他們是英雄，這個國家也許主張為了同盟國而戰，但距離入侵的說法已經不遠了。

三者，從博物館的蒐藏品、藝術品來論，通常一個國家的博物館的收藏品，理應是該國歷史文明成就的表現。對於文明中藝術品的移植，中國從來不會吝嗇，不會在乎它是用多麼強迫的方式，被帶離其文化的發源地，因為能夠推崇它的一定是它的愛好者，它會珍惜自己的際遇，只是藝術品的持有者往往口是心非，用得意的、功利的心態來對待它，而非謙卑的。在被動的過程中，藝術品展示在入侵者現在的國度中，這就是另一個指標。最後當我們對照歷史，入侵者的模樣已呼之欲出了。

其四、當該國該族群，以發展武器為其工業導向，把火藥不斷的改良成為殺人的工具，而非使用在慶典，或其他非侵略目的時，該國、該族群就有了侵略的依靠，入侵他國就只在一念之間。

所以我們回頭看一看「中國在歷史中參與的戰爭很少」這個事實，就知道這已經不是軍事入侵他國多不多，少不少的問題，而是當農業文明可以停下腳步發展文化的同時，侵略者只能想方設法的入侵他國，當他們還主張上帝一神論時，卻把【不要覬覦鄰人的財產】這一誡，束之高閣！

我們不能假設所有之戰爭都是犯罪，雖說戰爭的源頭就是需求的衝突，但是為了生存，為了自由，為了免於飢餓，為了免於恐懼的戰爭是被允許的。至於源起於七大原罪或是貪、嗔、癡三個不善根為由的戰爭，那就是罪惡了。

關於從眾，由於人類是個群聚的團體，脫隊即代表孤獨與死亡。因此人們為了讓自己能存在於族群之中，享受眾樂樂，就必須跟隨群體的秩序，尤其是在有入侵者存在於國境之時，為了團隊的生存，跟隨眾人一起抗拒外來侵略，變成一個必然，也正因為如此，背叛者常會受到族群內的壓力，因為背叛者會被懲罰的環境，才會有集體感與安全感。即便到了現代大家族被工業化碾碎成了小家庭，但是一般人還是會在學習路途上、工作崗位上、社交來往中、宗教信仰中、網路交際中，得到族群的幫忙。當然首先你必須要被族群所接受，他們自然會在多方面幫助你，支持你。但是如果你不合群，自然就會被孤立被霸凌。

從眾行為雖然會減少孤獨感，會得到眾人的心理支持，讓生活得有價值，但是在戰爭中因為從眾，所得到的痛苦常常是讓個體無法接受，勝利者還好，可以得到戰利品，或是得到權貴身份，但失敗者呢，假若不能被屠殺了乾淨，那活著的人會有的損失，包括身體殘廢、喪失親友、罪惡感覺等等，若得不到得勝利一方政府施惠，或社團、或宗教的安撫，他們的犧牲將很得到難平復，日子將黑暗悽苦。

戰爭最終的結局是一個最好的評量。看看歷史上各個戰役後的結果：有俘虜全殺；有高度在車輪以上的全殺；有俘虜留用；有戰利品全拿；有只許報恩，不許報仇；到了二戰後的蔣介石以勝利者的姿態，放棄戰利品。其實這不是唯一，回溯三保太監下西洋，到之後的韓戰；與中越邊境戰爭；更有中印邊界戰爭的結局，這種勝利者不取戰利品，顯現戰爭的正義性與道德性，卻不見戰爭的貪婪與貪利，被樹立了典範。

反觀帝國在這些典範之後，依然假藉不時之名，軍隊進入他國，襄助私企奪取當地資產，以貨幣進出獲利，連帶打擊當地金融。當我們再把鏡頭帶到火藥發明之初，中國人是把它當作是典禮慶祝的插曲，只有西方人把它研究發展成現在這個模樣，可以摧毀地球數百次。諾貝爾獎有比自發性的道德提升好嗎？

戰爭是如何來呢？中國易經這本書寫的是事情變化的道理，其中有個卦像叫做【訟】，那是一個爭的局面。然而我們看看這個【訟】卦的前面是個【需】卦，也就是說【訟】是因為需求相同而起爭執。

【需】，有名正言順的、有自私的、有明示的、有隱晦的，對侵略者而言，「所有權」常常根本就不是問題所在。以日俄戰爭為例，重點在「實力」與「企圖心」！以木馬屠城記的特洛伊戰爭，海倫是理由嗎？保衛者的捍衛決心或者說他們的上帝、長生天、阿拉存在嗎？以秦朝併吞六國為例，齊、楚、韓、趙、魏、燕的正義捍衛不夠嗎？或者拿三國演義中的魏滅了吳、蜀一樣，孫權與劉備的智慧會輸給曹操嗎？以西方來說，十字軍東征並非每次都贏，帶著上帝名義的基督教次次有正義性嗎？至於隱藏的企圖，比如說修昔底德陷阱，在當時也許並無感覺，或許也無法被對方所探知，更或許被勝利者在寫歷史時就轉成正義了。

【訟】卦的後面是【師】卦，也就是說當爭訟開始時，就會聚集自己所能蒐集到的勢力，以求得己方的勝利。因此這是個有原、有因、有果的一個邏輯。爭奪同一件物品、想法、權力，這個被爭奪的焦點就是【需】的內容，戰爭之前的調度、尋求足夠說辭，聚集足夠的人馬就是【師】，戰爭就迫在眉揭了。

走在工業革面前端的西方國家從大航海殖民地開發時代發現熱兵器可以以少勝多，可以擴充勢力範圍，於是戰爭就被西方人樂此不疲了。但是人類在經歷兩次世界大戰後，本應明白戰爭所帶來的痛苦和絕望，經歷過戰爭的國家也應逐漸開始避免戰爭的發動，尤其是在武器的不斷精進，在這些武器的攻擊下，草菅人命、設施毀損只在分秒之間。歐洲的國家是曾經過許多戰亂的因此逐漸收手，可是仍有國家不斷的發動戰爭，這讓很多人都想不明白，戰爭給人類造成的傷害這麼大，為什麼還是要頻繁發動戰爭呢？

《漢詩》：十五從軍行，八十始得歸。道逢鄉里人，家中有阿誰？羹飯一時熟，不知貽阿誰。出門東向望，淚落沾我衣。

繼聖云：古人真辛苦，生活難過渡，初離蠻荒地，又進虎狼舖，今人不知史，以為無謂哭，誰了戰爭境

克勞施維茲：戰爭是政治的延續政治是不流血的戰爭，戰爭是流血的政治。

繼聖云：戰爭所爭乃權，名，利，即魔鬼之所在！

曼德拉：在這次伊拉克戰爭中，我們看見了美國和布希的一舉一動，到底誰才是世界的威脅？

孫子：不戰而屈人之兵，善之善者也。

拉爾夫・沃爾多・埃莫森：真正而持久的勝利就是和平，而不是戰爭。

羅馬書12:18.19：基督徒不可以參戰。使徒保羅敦促基督徒說：「只要自己做得到，就要盡力跟所有人和睦相處。」

繼聖云：古時以最小的冒險，獲取最大的利益就是發動戰爭。現代最小的冒險，獲取最大的利益就是金融賭博。

約翰福音15:19：你們若屬世界，世界必愛屬自己的；只因你們不屬世界，乃是我從世界中揀選了你們，所以世界就恨你們。

繼聖云：既然上帝要求各個國家的基督徒愛仇敵，不與世界同流合污，今天，祂怎麼可能支持暴力衝突中的任何一方呢？

繼聖云：是誰在一邊彰顯聖經，一邊發起戰爭的？

彌迦書4:3：當上帝的王國從天上開始統治時，這個真實的政府就會教導全人類追求和平，也會消滅所有的武器，從而徹底地終止戰爭。聖經說，上帝會「為遠方的強國解決爭端。他們要把刀劍打成犁頭，把槍矛打成鐮刀。國與國不再拔劍相攻，他們也不再學習戰事」。

以賽亞書11:9：上帝保證地上的一切「都不傷人，不害物，因為認識耶和華的知識必遍滿大地，就像水彌漫海洋一樣」。

繼聖云：信仰本身無罪，排除異己的想法才有罪。

伯特蘭羅素：戰爭不決定誰對了，只決定誰留下了。

繼聖云：長城是七個歷史成就中的一個，其所代表的思維就是自足的社會；有文化的團隊；與自信的環境。裡面是如此的領域，入侵者請勿進來，否則要付出代價。

美國大兵：戰爭不在遙遠的國度，不是那些我們對其一無所知的人是敵人，敵人是那些熟悉，並可識別的人，是一個當有利可圖，便發動戰爭的體制，或是當有利可圖時，解雇我們的領導。

魔鬼的伎倆

無神論者說上帝不曾存在，也有人附和尼采說上帝已經死了，但從來不曾有人懷疑過我的存在，不論是哪一個宗教，邪教或是哪一個道德，非道德的團體。在聖經，在佛經中不少提過我，也就罷了，當今的媒體，影片也不放過我，把我歸到吸血鬼一族，真是從何說起！

我自始至終都是宗教信奉者的眼中釘，站在道德的對立面。然而，不管是上帝也好；阿拉也好；神也好；佛陀也好；耶穌基督也好；或是稱我為阿里曼的拜火教。在不同的教義中不同的膜拜對象，他們彼此又不願認同其他神祇。於是就變成由我來面對一個臉譜常換的道德圖騰。只有巴哈伊信仰中說得好，我只是低等的本性！存在在罪孽中的基本元素。

說句實在話，歷史上從來就不曾感受過上帝的存在，祂似乎只是一個觀眾，讓一切順其自然。也許看過摩西、耶穌、釋迦牟尼及穆罕默德，但他們只是史書上的一頁，人類進步的故事何其之多。固然他們的知名度遍及全世界，但如果沒有我來襯托，他們也就沒那麼的不朽了。

道德之存在、仁恕之主張，並不因為身在某個宗教才顯高尚。高唱經文或梵語，如果仍然同我稱兄道弟，被慾望操弄，除了人類自己來訂定律法加以懲罰，任何一個神祇也拿他沒輒，不是嗎？許多宗教主張死後地獄，誰人又能親眼得見呢？罪人的審判，如果在這個世道都不能得到彰顯，或是藉模範樹立這個社會的普世價值或道德之標竿時，如何能阿Q的相信他會在其死後下地獄或墮入禽獸道呢？我用這個理論寵壞了大部分的人類。

其實我沒有那麼壞。我之所以常留人間，不是我願意的，而是造物者的安排——不要誤會，我所論及的造物者，就只是單純的，符合達爾文生物演化的原始創造者，不是任何經文中與上帝或神掛勾的造物者，因為實在不知道祂或祂們是花了三十五億年的漫長歲月創造了第一個生命開始；或是在一百萬年順應時勢在直立猿人始介入的創造，更或許如聖經所述，自五千年前由亞當夏娃才想到孕育人類的？

我是在物競天擇的遊戲中刻意置入的。是不得已，存在於動物的慾望之中的！當人們在提升自己時，自發性的認為那些不堪的事，就歸在我的身上，多麼冤枉啊。

想想在動物世界中，多簡單，在食物鏈的運作之下，祇要居於食物鏈上方的動物，無不可將獵物納入胃口，居於下位者，就得避避風頭；在傳宗接代的題目下，祇要贏得角逐就可以逕行交配，否則只有自怨自艾；為了宣示主權，撒泡尿，圈個地，立個欄杆就可以主張，如果同類或其他動物有意見，就可以回到叢林規則之中展開爭鬥，運作是自然的。很少有我被咒罵的餘地，更別談什麼形而上神祇了。只能怪自己能力或是企圖不夠，以至於喪命或是屈居下風。

但是當我處在人類不斷進步的環境下，我就變複雜了。人類從可以直立行走、群聚、雜食、熱食、自行耕作、蓄養動物到創造文化文明、發現自然規律、發明進步技術，讓人類得以脫離食物鏈，追尋可以控制世界的方法。更重要的是人類製作了歷史，不論用什麼文字或方法，記錄下他們的生活經驗及創造。一系列的演進，如果不是由於我的存在，創造了侵略性；創造了企圖心；擴大了貪婪慾望；擴大了知識層次；斬殺了消極；斬殺了失敗；勾起了人同此心的消費；勾起了對稀有之物的追求，藉著錯誤糾正未來。在在都是我的功績！不會有人認為是上帝或是佛陀帶領人類走到現今這個科技昌明的地步吧！但是如果你們也不認同我的誇耀，我倒也不怎麼失意，必竟祇要是有自信、有用心的人們，這些發現、發明、創造都是順其自然，俯拾即得的。

其實我之所以會被人類認為存在，也屬無稽，因為他們必須得假設神是正義的、善良的，而我剛好在祂的對立面。人類所訂定之規則，或假手上帝或藉由神明的名所制作的律法，將我置入邪惡的一方。為了對抗我，設了條文封殺我。在律法不明確的當兒，或是執法者有貪、嗔、癡的表現時，我又會借眾人之口出現。如果當犧牲有代價、有修建，根據理論，逐漸的，我就應該會淡出包括所有動植物，人類在內的大千世界才對。然而，在各個主要宗教都已存續兩千年以上之際，只看到到處置產擴大、貼近權勢、張羅奉獻、醉心聖戰、附和當權的作為，不試圖消弭宗教間之隔閡，不奉行宗教教條，反而讓國防互嗆、增加消費、地球暖化的惡勢不變，怎能認為宗教可以解決地球瀕臨毀滅的種種問題。

大家都認為宗教一直在扮演著提昇心靈的工作，即使宗教本身在演進過程中並不完美，至今更是分裂漸漸，托言因對教義之解釋不同，然而其中沒看到我的身影嗎？但是為了對抗我，宗教們在口徑上總是一致的。私下呢？總是與我交易。

其實真正讓我感到失敗的，或者說讓我懼怕的不是十字架或是佛珠，不是告解或是抄經，雖然梵唱、聖經會讓我無法動彈，那是因為人心慾念被經文佔據，沒有我可以置喙之地。我會在明白的心、智慧的劍、心口如一的仁恕、至死不渝的誠信中自動消失。婁師德之唾面自乾、商鞅的徙木立信，或是遇難得之貨而不動人心，能夠和光同塵的這種時刻，何曾會感到我的存在。

在對聖女貞德異端審判時，我藏身於皮埃爾．科雄體內，讓大家都以為那是正義。在面對傑出的羅馬女數學家、哲學家海巴夏，我又是聖濟利祿，成功的策動基督徒的暴動，即使海巴夏說：「你們的上帝並未證明祂比前輩先賢們更為仁慈。」讓眾人成功的汙辱了她的身體，殺了她，同時也摧毀了亞歷山大的殿堂，趕走了羅馬人及猶太人。侍奉神的人也會被我所迷惑。

在之後的歲月中，神權更用裁判所羅織了莫須有的獵巫罪名，與統治者聯手奴役著老百姓，讓整個社會進入了黑暗，沒有思想；沒有倫理；沒有成就；更不值得傳承，我的成就與世皆知。

因此我有那麼十惡不赦嗎？如果每個人都不貪、不嗔、不癡、不懶、不欲，拒絕七大原罪，那哪有我施展的地方。如果人們運用聚眾的威力去行善或張顯神的所在，而不是挾眾取利，人類才配被稱為萬物之靈。與我同行，是不夠資格數落我的。耶穌說過：如果你不曾有犯罪的念頭，才可以向我丟石頭！

上帝的存在與否，我不清楚，但祂一定不會是萬能的，至少祂做不到及時的報應，尼采或是其他憤世嫉俗的聰明人會認為祂與許是死了，有著幸運的人們可能認為祂是存在的，但是你們不曉得的是，這幸運可能是我為了讓中獎的人們走向犯罪所設陷阱的鋪陳。

假如神是上帝也是造物者，創造了一切，那魔鬼又是誰創造的呢？假如說神只創造了太陽，沒有太陽的時間就是黑夜，神創造了善，卻沒有創造惡，離開了善就是惡，神創造了熱，因此離開了熱就是冷，即便說法有理，那至少應該知道這個魔鬼形象的製造者是誰呢？也就是說神創造了亞當和夏娃，那蛇又是誰創造的呢？罪惡因蛇而生，那至少亞當與夏娃身上的會犯罪的機制是誰創造的呢？當巴別塔被神所摧毀，紐約的雙子星大廈的被毀是否也可以被相同解釋呢？

伏爾泰：工作會攆跑三個魔鬼：無聊、墮落與貧窮。

繼聖云：沒有工作意願，天地的運行就失去了意義，更不要說對生命的意義了。

哥林多後書11:14-15：撒旦裝作光明的天使。他的差役，亦裝作仁義，他們的結局必然應著他們的行為。

繼聖云：沒有責任感的役使心，就是魔鬼的行徑。

英國詩人喬叟：有罪是符合人性的，但長期堅持不改就是魔鬼。

繼聖云：造物者在等待著你的懺悔與向善之舉

特裡斯唐．貝爾納：是上帝創造了世界，但保持世界運轉的卻是魔鬼。

莎士比亞：比起人的險惡，魔鬼也要望風卻步。

繼聖云：從上帝的角度，有些人已經得到魔鬼的真髓，他們不僅心理上已經與上帝平起平坐，而且以上帝自居了。

智者說：

慾望不能大於能力

脾氣不能大於本事

地位不能大於德性

財富不能大於認知

自由的前世今身

人類都是得隴望蜀、得寸進尺的。才兩三百年，人類不知道還記得不記得，當初所爭取的自由，是什麼樣的自由？而從各個國家所訂定的憲法上，或是領導者的發言上，看到的可不只是生存的自由、行動的自由、免除飢餓的自由、免除恐懼的自由而已。

其實當人類在談自由，根本就是一個假議題，記得人類是怎麼變成萬物之靈的嗎？當人類還是處在蠻荒的時代，人類同一般野獸一樣在原野、在森林、在山巔、在河邊有著現在人們所羨慕的自由，當時的人類可以在有地上有危險時就逃到樹上，取著樹上的果子，撿甜的吃，吃飽了就幫同伴抓後的蝨子，嘲笑著地面上的牛羊雞鴨。自由是什麼時候丟掉的？是當我們築好籬笆將我們圈在其中的那一刻？還是當我們或敵人發動戰爭後，其中戰敗的一方變成奴隸之後？或者是當我們感到羞恥，穿上服裝，自我限制行動不可去這兒，不能去那兒的時候？更或許是當某些人自覺與別人不同，而不願與他人同處在的那個環境下，自我隔離的那個時候？

所以當我們唸到法國人的名言：生命誠可貴，愛情價更高，若為自由故，兩者皆可拋。那個時期的自由，應該比愛情或生命高不是嗎？那時應該還有愛情或是生命的自由！可是當我們現世看到的卻是愛情自由、呼吸自由！近代人類要的，已經擴張為信仰的、言論的、集會結社的、秘密通訊的自由，甚至於到了二十一世紀竟發展到資本的、霸權的、不帶口罩的、不注射疫苗的自由。

孰不知自由是有條件的，比如說當人類可以主張脫群的自由時，它必定是已經確定脫離了危險。蠻荒時代的人猿即便是在樹梢，也有會爬樹的豹，也有會飛的鷹，對其產生威脅。而到了城邦時代的建立，趕走了食肉性動物的迫近，又有不斷的軍事戰爭，直到了二十世紀末，當大部分人類開始在武器進化後，了解軍事戰爭的恐怖，了解生產力被摧毀後，帝國勢力就被他人取代，這才歇手主張禁用武器，講究和平發展，值此時此刻，當人類個體沒有物質缺乏的要件下，才開始勇於走單，這才有了可以脫群的自由，所以在講自由時是要看客觀環境的。

之所以不讓你可以有忌妒的、窺伺的、胡說八道的、毀謗他人的、侵犯他人的、竊取的、貪圖的、霸凌的、造假的自由是基於世間的道法與信仰的約定，人類可以不守，但是卻不能在被控訴、被判刑、被判罰後宣稱無罪。

中國人所認為的自由，其實是很多元化的。在李白的「夏日山中」所顯現的是第一種自由，那就是不計利祿，在生活上的無拘無束。「最後武士」的電影中，武士渡邊謙一看著滿園櫻花時，對湯姆克魯斯說：「人生就應如櫻花般，美麗而自由的來去。」所顯現的是第二種的自由，那就是選擇追尋生命理想的自由。王子猷的乘興而來，興盡而返，就是一種理想可以不需要竟功，或者說是可以接納缺陷的自由。只是在功利主義的追求獲得財富的同時就變調了，新權貴的欲求一樣驚人。陰陽合約，利用市場宣揚錯誤行為，假借國際壓力完成自身願望，已經跟爭取基本自由完全無關。「貪」才是本質！

在戰爭年代與承平盛世的要求是不同的，看到《大敵當前》這部電影中，男女主角可以利用如此困難的時間，在如此公開場合，雖然他們都在睡眠之中，但在如此簡陋、如此公開的地方做愛，因此對於自由的要求，並沒有那麼困難。然而相對的，在《五十道陰影》中可以看到，即便如此的變態，也無法滿足一個富裕年代的性自由。所以「自由」是要在彼此都舒適，大家都能接受的氛圍下，才有意義。如果沒有彼此舒適接受的條件下，自由是某種程度上的「罪」。

所以什麼才能稱得上自由，星雲說自由就是對他人生命不可傷害，對他人財富不可侵佔，對他人身體不可冒犯，對他人信用不可破壞，對他人擁有不可嫉妒，對他人生活不可干擾，自由以道德做為根本。

世人對自由的看法是有爭議的，因為自由有思想上的、有心靈上的、有言論上的、有行為上、有人身上的自由，因人、因事、因地是有程度上的不同，在反恐運動中能夠主張的有多少，更不要談地狹人多的香港了，有許多的香港人多已經移居內地了，然而他們感受到的不自由是行動上的？有生命威脅？遭受到飢餓？相反的，「反送中」行動卻有遮傘的自由，並且自由的在街頭鬧事，拿棍棒，隨意處置行人，隨意阻擾他人的自由，這是自由的真義嗎？

當已開發的西方世界，在推銷他們的文明以自由、平等為其內容時的民主，是偏狹的、還是只論選舉結果的民主？是資本主義，是會造成貧富不均的，抑或是沒有節制的資本？是我可以，而你不行的自由標準？或是生活條件？自由的表述，可以不傷害他人嗎？

西方用宗教來限制行為的自由，東方則是用密集居住環境彼此約束限制行為的自由來防止傷害的造成，但是到了工業文明時代大家庭式微，小家庭的組成，再加上鼓勵消費的工商業社會，使得財富自由變成一種習慣，這才使自由的主張越來越誇張。

可是窮人與富人的自由是不同的，窮人的選擇性少，但去哪兒都不需擔心他的安危，富人可以選擇好的生活條件，但是卻要雇一堆保全，來保障他的財富與人身。

自由要到甚麼程度才被認定是合乎人權？即便是在聯合國宣言內也只提到了生存、行動、居住權、廢奴、法律、審判之類的，可是在許多主張人權的國家仍然有著歧視，那麼人權的說法普及了嗎？那些空洞的主張實在欠缺實際。假若佛教所定義的五蘊：色、受、想、行、識的自由或是民生需求食、衣、住、行、育、樂的自由是否稱得上有足夠的自由呢？還是一定要到不分場合隨心所欲地說與自己不專門的議題，才叫自由呢？在專業的領域下、或是在嚴肅的場合、或是在需要團隊合作的氛圍下，過度的自由就是對團體的不尊重，不尊重他人，不尊重場合，不尊重團隊，沒有責任心的自由，可以主張那是人權的一部分嗎？

在瘟疫時代，很清楚地看到主張自由度聲音越大的國度，其疫情越發嚴重。所以不需要思考一下嗎？

《西賽羅》：只有在履行自己的義務中尋求快樂的人，才是自由地生活的人。

《阿波羅神殿》：凡事勿過度

池田大作：自由與放縱不同。自由伴隨著責任。能自律，有清高的人格、能堅忍冷靜，才能夠真正享受自由。

羅蘭夫人：自由，自由，天下古今幾多之罪惡，假汝之名以行！

裴多菲：生命誠可貴，愛情價更高；若為自由故，兩者皆可拋。

繼聖云：自由不應成為道德倫理的一部分。

盧梭：人是生而自由的，但卻無往不在枷鎖之中。自以為是其他一切人的主人，反比其他一切人更是奴隸。

繼聖云：自由與安心是反向的，多一分自由心就不安一分。

牟宗三：在自由世界，才有失業、不失業的分別，才可說有氣節、講廉恥。因為人們有自由，法律上保障人的獨立人格，承認人的尊嚴。有了自由，人即須負責任。再深一層說，人有道德意志、自由意志，才能談有氣節、有廉恥的問題。

王德爾：我們都生活在陰溝里，但仍有人仰望星空，有人看到泥濘。

繼聖云：古人有所謂三隱，隱於野、隱於市、隱於朝，各自尋求其生活態度或曰生活之自由

繼聖云：自由的人可以選擇從善或從惡，但只有從善之人可以得到價值。

大仲馬：如果你渴望得到某樣東西，你得讓它自由，如果它回到你身邊，它就是屬於你的，如果它不會回來，你就從未擁有過它。

繼聖云：大數據被證明它已經可以左右選舉，你的自由已經不是你所認為的民主自由，如果不能好好監督，那就稱不上自由。

論宗教信仰

宗教始於信仰。

有個比喻說得好，信仰就像橋上的欄杆，你不一定倚著它走路，但有了它，你就擁有了安全感。

所以信仰是什麼？在古代部落文明或更早，遠在開化以前，由於人類還有可能成為生物鏈中的食物時，尚無法盡知大自然環境的變化，基於恐懼迷信祈求生命之保全的種種原因，因此對某些未知的力量開始的信仰。以人為主的成就了神祇，以環境為主的成就了天地。

東方人認為生命來自於祖先，可是祖先也會受制於自然。西方人認為生命來自於創造者，祂同時也創造了自然環境，自然環境的變化代表

了祂的心態。

在東方，人們看到天體地貌的恆久性與必然性，使人們產生信任感。比如太陽是東邊升起西邊落下，即使當日烏雲密佈，祂也是絕對存在的，所以會有人崇拜天和地，或其他類似的天體或是海洋、高山、河流等等，真理同時存在。在西方，當人們感受到他們力量是來自於類己之創造，就把祂尊為神，這個源頭讓人們有了指標性。

不僅如此，中國人在信仰的過程中發現天時與大地的規律，選擇知曉天地知識的人就尊其為領導，推其為聖主，這個決定來自於家族，才有了對天時地利的倚賴，聖主調理人和及安定事理，於是國乃大治，悅者遠來。

聖主之制，春耕、夏耘、秋收、冬藏，四者不失時，故五穀不絕，而百姓有餘食也。汙池淵沼川澤，謹其時禁，故魚鱉優多，而百姓有餘用也。斬伐養長不失其時，故山林不童，而百姓有餘材也。

信仰演變之所以如此，不僅是因為中國人是一個農耕社會，也是一個因地、因時而能有所安頓生活，提升生活進化、心靈層次的必要條件。久而久之，當歷史中某個同胞中具有可供遵循的特質時，就同時把祂亦尊為神，俗約所形成的成語、歇後語，家訓、規律等有傳承價值時，就讓人們有了指標性，中國人以此為信仰。

當大家把信仰看成是欄杆時，卻沒有想到所處的地基，也是一個可以承載人類的重要因子，因此信仰是要有民意基礎的。

宗教中有經文、社會中有俗約、國家中有法律，但是自十七、八世紀，歐洲思想開始的許多主義呢，以資本主義而言，個人可以有資本、私企可以有資本、國家可以有資本，可是看到現今世界各地的鬥爭中，不是每個社群都能同意他們的共存，為什麼？當我們談到自由主義有思想上的自由、有生活上——食、衣、住、行、育、樂上的自由、有生存活動上的自由、有語言發表上的自由、有行為表現上的自由，但是難道不需要秩序標竿嗎？

主義是個什麼東西？尤其是當世界村降臨時，可能生活在一地，教育在一地，工作在一地，退休後又在另一地，每一地的自由標準，資本形式都不盡相同。所以在還沒有建立共識之前，主義都不能是一種信仰。

在中國，長久的生活圈所成就的俗約，規範了生存的每一分子。釋、道、儒漸次的影響，並且與俗約融合。佛教原本簡單，但在中國建立了境界：唸經排除一切念與妄想；藉經文了解人間是非，排惡揚善；修煉內心，山水寄託，嚮往彼岸；修練內心，不見塵埃，即見彼岸；卻除一切潛意識，進入涅槃。道家的自然與之結合，形成禪宗。儒家則直接入世，希望以仁恕對待一切事務。

耶穌的理念，本也是將世人帶入類似釋道儒，施愛的領域。祂的出現，展開了一種超脫世人的價值，於是社會開始自多神教轉向，讓基督變成他們的信仰宗教，耶穌的傳人開始成就了新約，使得信徒有了可以遵循的依據，藉著帝國傳播，將基督變成世界的宗教。

在信奉基督的同時，由於許多的新約內容來自於舊約，包括對耶穌基督的預言，於是讓人們一起開始對主張一神的舊約，開始了解基督的源起。舊約的嚴格與現實生活的嚴峻，對照了新約施與受的不同感覺。

古希臘人是讓國家與法律代替他們判斷，古希臘認為是自己創造了神，再從眾神的身上看到自己的影子，他們心中沒有魔鬼撒旦。

猶太人他們也是經歷過眾神存在的階段，不過到最後，他們將眾神歸於一，認為是祂，耶和華賜予了他們的生命。神把他們從不幸在古埃及的奴隸生活下被領出，而到了神賜予的，留著奶與蜜的地方，因此感恩，認祂為信仰的中樞，在漫長的生活歲月中，體認了許多存活的真理，被子民忠實的記錄下來，把所有的思想及成就歸屬了神，成為了後來的舊約，世世代代傳承，不離不棄。

可是就因為有了舊約，就又帶出了另外一段的歷史文明——古埃及——這個將猶太人視為奴隸的王朝，以太陽神、風神、雨神、死神、代表農業的冥神、男神、女神、戰神等為崇拜的對象，這個類似於東方的信仰概念，在摩西的出現後，把猶太人帶出埃及，直到羅馬帝國的出現，宗教信仰就被一神教所影響，而取代多神教的帝國埃及與希臘。

舊約、希臘與可蘭經都強調了神的威力，從人民行為中規範出罪行的模樣而下誡令，雖然這個誡令來自於領導班子，但是信眾願意遵從祂，從約束中，建立了生活的規律，宗教自然普及。

然而世上還有許許多多的宗教或信仰，例如主張五誓言：不暴力、要真實、不偷盜、止慾望、潔身體的耆那教；主張宗教同源、人類一家的巴哈伊；主張友誼、慈善、順服、忍耐、謙卑和虔誠的錫克教；更有那主張普慈、敬主、愛人，要求知、信、行、誠的伊斯蘭。還包括東方講求仁恕的儒教；崇尚自然的道教主張誠實、仁慈、純潔、忍耐、自我約束的印度教等等。他們所主張、所追崇的哪一項不是人間的道德高地。

可是，宗教從來就不代表世間的正義或是平等，當你看到朝代更迭，帝國變換都是強權當位，何嘗有魯蛇可以取得天下來統治社會的？但是偏偏宗教就來自於社會底層，為了相互取暖，得到繼續生存下去的盼望，於是孕育而生，而遍及各個階層。領導階層也盼望社會底層的安定，方便國家城邦的治理，因此也就順勢推動。

可是一味的姑息偷懶，只有等待世間爭鬥到最後，等待結局發生的族群始終是辛苦的。縱使希望存活，並且擴大領域的族群，都有一些倫理道德標準，有的依靠宗教，從經文中歸納出前進的方向，有的依靠信仰，從統治成功或失敗中得到真理。沒有實力、沒有企圖心、沒有智慧、沒有理性的族群，始終無法在歷史長河中輝煌過什麼。迷信的、役使性的、無目的性的宗教也就很容易被淘汰。

舊約中提到奴隸或是嫡庶時，會因時代不同，實力高下而有所取捨？或是為了強調「信」的忠誠，而要信徒做出異常的犧牲時，別人會懷疑他是懦夫行為？信徒懷疑他們所信奉的神是否正義或平等，就不能稱作虔誠？現實中一般的信徒都認為，上帝是否能夠展示其力量幫助你才是重點，如果祂袖手，你只有認為那是一種考驗，來自於上天的一次測試。套句成功嶺上教育班長的話：合理的是訓練，不合理的是磨練。

在中國其實已經很早就被訓練成功，因為孟子曾說過「人必苦其心志，勞其筋骨，餓其體膚，空乏其身，行拂亂其所為，所以動心忍性，增益其所不能」，而中國文明傳承了幾千年，中國人面對的是自然。

人類從有思想開始就有宗教與信仰的需要，人類在無數傳說圖畫神話和詩歌中找到慰藉，他們在尋求一些關於永恆問題的答案？為何無罪之人要受苦難。不論從宗教或是現代心理學，人類心中之苦的答案是來自於對現實的不滿，奴隸嚮往自由；窮困希望富有；希望活得更長；權祿越大越好；能夠得到稀有之物、少有的經驗，追尋更高的境界。

於是在當領導者、權貴們為了追尋更高的理想，感性就被激發出來發動戰爭，利用族群內的從眾心理替他們找到出口。可是戰爭的後果卻是殘酷的，敗者固不必說，變成奴隸、或失去生命、或失去自由、或失去肢體器官、失去朋友、失去家人，贏者也有苦樂之分，並非人人都可得獎，戰爭常常讓人無法拒絕，就已經深陷其中無法自拔。

所以宗教的介入的真正意涵是要教徒在面對他們所認為的不正義或是不平等的情形下能夠存活，心情平靜接受現實，把自認為的正義平等概念傳承下一代。宗教是被壓迫心靈的嘆息，在不得不接受的事實前得到精神的慰藉，把希望寄託於未來或是彼岸，現實中，宗教聚集弱勢人群，提供溫飽讓殘缺的人們存活。

理論上宗教不與任何族群對抗，不主張任何主義，不對抗任何權利。實質上宗教應解決信眾的生活困頓，解答心靈疑問，以恕提供心安，給予生存信心，提供彼岸園地。

一切的惡行或齷齪的想法，當然不是一個正統宗教信仰所許可的，這些念行，只是活在宗教的夾縫中，打著宗教信仰的幌子。只不過宗教在進入了二十一世紀後，宗教的生存有了顧忌，彼此地盤受到侵剝，憑藉著舊經文無法說服現代人類，審判的概念被人所忽視，於是默許了魔鬼的存在。

所以當看到有些企業對植物實驗研究，即使失敗了，仍然可以被利用成為對他族的斂財工具？為何可以用藥物快速增長動植物，儘速使之成為人類桌上的菜餚，而不顧及這些動植物的畸形發展與感受？這也就是為何設法把垃圾外送他地、將工廠外移、將自己所糟蹋的一切轉往國外，只顧自己的環境美好，只因為自己對信仰的認識中沒有對天地、萬物、他人的責任。

現今的疫情發展證實，如果你不顧及他人、他國、他族、或是天地的死活，你將始終在疫情的陰影之下生活著。九一一事件更證明如果宗教間在此世界上相互侵踏，為了利益不惜汙衊、汙染他人信仰，細菌或是思想的入侵會以各種形式出現在你的周遭。

所有宗教的經文之中，無法解決農業問題，更無法解決工業或是商業的問題，經文中只能提供心靈的接受，其作用相當於聆聽一首音樂或是一幅繪畫。宗教中更無法想像訊息可以得到充分交換的現代社會。

耶穌的影響是無可否認的，祂所提示的福音，人們願意聽，因為人是活在希望之中。神權時代，當聖女貞德出現引導出來的士氣讓戰局得以勝利時，教宗及國王產生了恐慌，因為君權神授的「君」與「神」的代表人失去了他們的代表性，這就是為何貞德會被敵我雙方定義成異教徒的真正原因。拿破崙也把教會重新引入，因為他想要教士宣揚社會秩序和紀律。可是對信徒而言，宗教是被壓迫心靈的嘆息，在不得不接受的事實前得到精神的慰藉。天賦人權建立了自由平等，在工業文明中，逐漸失去宗教在歷史中建立的倫理。可是人權說法、或是主義、或是宗教信仰，並不能完全解決人性的問題。

從人性來說，神本來所可以原諒的是那些因天災人禍，被動所生而感受到的罪，不是那種深思熟慮主動犯下的罪孽。什麼是被動所生之罪呢？當群聚首領因慾念而生侵犯它族，而你生為族人必須跟從，否則你就會被族人所孤立，值此之時，當戰爭帶來的身體或是心靈的創傷時；或是當天災來臨，親人俱喪，使你孤獨；或是因疫情，因你身帶菌原，而讓你的父母甚或你的子女染患時疫而亡時，你的自怨自艾，你的自責就是罪的起源，這個衝動的罪或是貪心的罪有著不同的層次。

易經有文說否極泰就會來，雨不會一直下，風不會一直冷，天不會一直黑，該下雨就會下，風該吹就要吹，太陽不會一直不出現，傷痕會在時間中癒合，心靈在昇華中紓解。

宗教之於人類有三個重要轉捩點：首先是戰爭開始普遍開展在人類之間，在此之前天地的變化對於人類是重要的，人類必須臣服於自然，對於天地之怒，他們是極其害怕的，於是信仰是必然的，於是天神出現。

到了戰爭來臨，開始運行在各族群之間時，族群能夠動員的力量，是戰勝的依據。因此除了生育，信仰就是能夠蓄積資源能量的最佳工具。於是在中國，這個農業國度，懂得天地規律的聖人，就變成了領袖。在西方，發現不論自然環境是什麼，掠奪是最佳的生存方式，於是懂得打仗的將軍，如亞歷山大、凱薩就變成領袖，古埃及的西德、古希臘的阿瑞斯、古羅馬的瑪爾斯都成了戰神。在戰爭蔓延的區域，農民變成了笨蛋，農業收成被戰士或是飢民強奪，只有宗教能讓他們聚眾，得到溫飽、得到信念存活。在東方，戰爭雖沒有那麼頻繁，但依然有大量黑暗淒苦的日子，因為領導、貴族、官員的貪慾，使得百姓繳納重稅，想要活命有遁隱山林的、有一技藏身的、有追尋功名的、有靠邊權力的，但是他們都知道天子底下必須順從，關係或態度可以解決問題，但宗教卻不行。俗約就彼此傳遞著。

當主張天賦人權的西方世界，取得工業革命的優勢之後，實力原則更是露骨，在了解一切物理、化學、生物的邏輯變化後，自認為可以與上帝平起平坐，於是對於宗教的態度，轉而變成對各種主義的信仰，剝奪了神的主導能力。生活水平提高了後，就把不管是新約或是舊約的誡條置之腦後，當看到即使違背誡令後，仍然可以過上貪欲日子，宗教就只是歷史名詞了。

在東方經歷了懶散不知長進的十八九世紀，雖然知道恥辱，但是西潮帶領的諸多主義氾濫成災，功利主義在大家庭被裂解的環境下，禮義廉均消失的無影無蹤。二十一世紀，在沒有戰爭、天災的恐懼下，鮮有人再有物資缺乏，生命受到威脅的環境下，此時需要抱團取暖、檢點言行、限制自己的機會不多，只要我喜歡，有什麼不可以。

可是新社會有新社會的苦難，最大的苦痛就是：他有，為何我沒有？他能，我為何不能？他受歡迎，為何我要被霸凌？我說的，他為何不聽？宗教的舊教條可以來說服聽眾嗎？人性的問題浮之社會。

思想自由當然可以，可是在各個信仰的主張中，不需要對天地負責的宗教經文少，只得等他們發覺天地、他人的變化不利於自己時才會反省。

宗教中，信徒只要在行為之後，發現有了傷害、有了罪孽的感覺後進行告解，即可解決心頭重負，如果對於行為的錯誤沒有感覺，或是再犯、或是傷害、不做彌補又該如何呢？

正由於聖經中，未讓祂的子民們認知到祂對萬物的用心，與對人類一樣，也希望萬物在彼此互相利用的條件下，能夠有所規範。愛護天地，並不是只有在中國人的信仰中出現，聖經傳承中亦有族群了解並實踐，比如說阿米許人的世界，就知道與上帝的約定，也有高材生。

所以宗教可以不拘於形式只要能夠做到其中的約定、規範、俗約，就能頂天立地於世間。今天我們看到美國總統在面對疫情時，要拿出聖經來尋求心理幫助，在面對金融經濟的威脅時，要求盟國，要求假想敵，建立護欄，是什麼讓他們缺乏信仰？

信仰的基礎，不一定要建立在宗教之上，但對人性的了解必須存在於現代人的心裡。

南懷瑾：宗教是一種意識情緒的假想寄託。

繼聖云：將注意力與現實剝離，將能帶領你離開情緒進入理性的思考。

卡謬：我們之中有人會想卸下他的擔子，或者稍談他的感觸，得到的答案通常會使他受傷。

埃利．維瑟爾：信仰的相反不是邪魔歪道，而是冷漠

詩歌30.5C：一宿雖有哭泣，早晨便必歡呼。

繼聖云：藝術是救贖的起點。

田立克：宗教是人的終極關切。

《刺激1995》：恐懼能囚禁你的思緒，但希望卻能讓你解放。

繼聖云：道德是宗教得以延續的重要理由，但道德不只來自於宗教，大部分還得來自於人類自己的理性。

繼聖云：宗教透過一種神祕或是儀式來發現信仰的專注所在，瑜珈透過身體的靈動可以超越馬雅達到某沙。

罪的因果？

在【罪】這個字出現之際，許多人都會把它與宗教或是法律連在一起。然而事實上其範圍是很廣的。有【錯】才有【罪】，有【罪】才有【罰】。【錯】從何而來？就要說到【道】與【法】。

孔子：形而上者，謂之【道】。孫子：令民與上同意，為之【道】。因之本思想將【道】定義為：社會中，百姓有形、無形之同意。大千世界有【道】，形而上亦有【道】。罪來自於離【道】，而【法】為【道】之臨界。離開人訂之標準行為，違法就有【罪】，因此【道】【法】【罪】皆由人群所訂，信宗教者歸宗教、信領導者歸領導、有習俗者歸習俗、有潛規者歸潛規、在專業中歸專業、在戰爭中歸戰爭。是故天有天道、地有地道、人有人道、萬物有萬物之道。

【道】對族群人民生活而言，是【對】的公約數。

【不法】是族群不認可行為的集合數。

【對】【錯】是在生活中常常遇到問題，在判斷後所得的結果，往東行見斷橋、往西行遇貴人、見斷橋仍堅持，遇貴人卻得罪，於是對錯各異。今年種冬瓜、來年種什麼？常常是吉凶悔吝的不同答案。如何面對，世人自古到今同樣需要面對。項羽需要烏江自刎？岳飛面對十二金牌覆命，還是對撞皇權？面對歷史？還是當前？

人類文明逐漸建立時脫隊行為、同族繁殖、離經叛道等等，在靈性上逐漸地定義了【道】與【法】。

定義了【罪】，建立了【罰】。當群體逐漸擴大變成部落、城邦到國家後，罪罰觀念，就被廣泛地運用，以便管控該團體。可是人類在逐漸不受制於食物鏈而能控制食物鏈的同時，在遇到生存困難的時候，是選擇要入侵他族，獲取得以生存的糧食，還是求助他族。很不幸的是「己困難時，人亦困難」的條件是基本相同的，希望活下去的念，就變成人類戰爭的起源。可是對內與對外規則的觀念是不同的，比如說仁愛信義，對己曰可，對敵則曰不可，你不可能在戰爭過程中說仁道義。對殘疾、受飢、被奴役與自由的失去，就有了敵我之分，於是人性底層罪惡或是心靈提升的故事，就被發掘得越來越多。

俗語說：淫字論事不論心，論心牽古無完人。孝字論心不論事，論事萬年無孝子。

淫念是錯誤的，每個人心中都會有，但不可真做，此錯是眾人所不允許的，因此明確登在世間原罪之列。是以西門慶遭施耐庵筆伐，眾人隨之，不起淫念列入十誡，東西方的傳統中皆視為不當，可是先進國家的人間法律已排除它的罪性。

孝是模範，但不是人人可以做得讓父母滿意的，只要有心在，不論行為離譜都會被眾人推崇的。是以老萊子彩衣娛親，傳為佳話。西方對此不講究，認為父母的責任有界限，於是子女對父母的親情，能夠轉化成朋友就是功德一件，猶太人將父母子女互動的心，在經歷了歷史上許多的折磨後，移轉成族群的大愛。

【罪】大體上分成四個境界：在信仰宗教之中；在群體之中；在政權法律之下與在自心感受之中。

在宗教中對【罪】各有所解：佛教主張因果報應的【業】，以【惡業】代【罪】。而身、口、意皆可為【業】，當身、口、意犯罪，隨即進入輪迴，是否會在其他領域，受其惡業所導致的罰，則各自領受。在其宗教各支僅止於定義而已，唯有要求信徒從開始就打消惡念，修【善業】而止【罪】。佛教以世間的道德標準而論道法罪，而其【罰】僅止於順應世間法則，佛教認為世間的道德標準，緣起於「意念」問題。有

「意念」就會在倫理中「偏離與失序」。

猶太視違反神之誡命即為【罪】，神的誡命詳述於舊約之中，有自然犯、過失犯、故意犯，因此【罰】亦各有輕重，但那都在教內展現，就會得到一些杯葛與孤立。十誡本為摩西受神而訂出的人間法律，但在後續不同的國家內，逐漸變成形而上的約定。猶太教認為人類不是完美無缺的，所有人都會犯很多次罪。但是，某些情況下的犯罪，自知的犯罪，無意的犯罪或過失，所受到的懲罰各異。

新約希望以【愛】、以【諒】來化解侵犯，以【恕】、以【慈】來袪除仇恨，整篇就是一個逆來順受的意境。錯、罪、罰全部泯滅，希望藉著【信】彰顯神的權柄，而進入另一個充滿福音的國度。只要【認】、只要【悔】就能得到神的赦免，因為耶穌已經替你把罪扛了，所以才有了告解。

神本來所可以原諒的是那些因天災人禍，被動所生而感受到的

【罪】，不應是那種深思熟慮，主動犯下的罪孽。

什麼是被動所生之罪呢？當群聚首領因慾念而生，侵犯它族，而你生為族人必須跟從，否則你就會被族人所孤立，值此之時，當戰爭帶來的身體或是心靈的創傷時；或是當天災來臨，親人俱喪，使你孤獨；或是因疫情，因你身帶菌原，而讓你的父母甚或你的子女染患時疫而亡時，你的自怨自艾，你的自責就是內心【罪】的起源。

正由於宗教對人性的了解，知道罪的根由在哪裡，因此對罪的界定就比較寬廣，在佛教中，罪主要發生在五欲三毒，在聖經中，罪的定義以七原罪十誡為基礎，其他宗教大體不離此原則。雖有罪，惟愛與包容代之，恕之當下。

在群體之中定罪，依據群規或潛規則，凡群體內之個人均在範圍之內，可以拒絕受罰，但會遭到杯葛、孤立、被追索、或選擇自棄。

政權內，一般通常把【罪】，侷限在干犯法紀的層次上，以為觸犯法律即是犯罪；而對於倫理的判斷基準，也總是游浮於「道德風俗」與「法律條文」之間，認為低於道德標準的行為，可能會，但不必然會觸犯了世間法律，但低於世間法律標準的行為，則必然是不道德的。所以當通姦或妨礙家庭除罪化，當毒癮成病或是零元購的不同解釋後，【淫】、【毒】、【劫】字的定義就不同於傳統了。

在國家法律之下定罪，依據法律，由檢察官或被侵權之一方舉發，由法官依據民意決定支法條文定罪，處罰是否得恕，端視法官自由心證裁量。

自己心中感受如何定罪，端視自己依內心標準如何裁量。自我懲罰，唯有自諒、自贖，才能解決困境。

在很難列入一般世間法律而發自內心的罪，分成幾個層次：第一個是自責之罪，它發生於天災人禍或其他災變，因自己的行為或不行為或是一切可肇因於己錯的自認之罪；第二個是為飢餓、恐懼、行動不自由等而犯的生存之罪；第三個是在團體中懼於不被同伴接受而犯下的夥同之罪，包括在漢娜・鄂蘭書中所說平凡的裹脅之罪；第四個則是因犯了原罪所指的貪婪、過分等行為，卻未能在世間得到相對懲罰之罪。

另有一種罪，那就是挑撥之罪，引誘之罪。尤其是當軍工系統不斷，食之有味時，世界上許多落後地區在脫離了殖民地後，再次地被工業發達的國家民族利用人類的心理弱點，被推銷，被威脅，進入另一個食物鏈的下層。更有甚者，蓄意將團體一分為二或多個集團，互相爭鬥，或假以民主或共產之名，分裂國家民族，建立諸個山頭，增加更多的鬥爭，以便利魔鬼的運作，賺取其中利潤。這個罪的名，在聖經中已有定義，那就是蛇所犯下的罪。

念、想、言、行，差別是如此之大，錯誤犯罪也因事情類型而有不同的評價。身為食物鏈下方的動物，在失去伴侶或家族成員，偶有悲傷，但不多久，就須回到正常生活，再來就忘記這一段。碰到傷殘，雖然生活不便，但仍然得繼續勉力活下去，直到無法負荷而死亡。在困難時刻，自相殘殺，獲取足夠肉品存活，或是親族結合傳遞錯誤基因，此時哪有甚麼罪惡感受？

答案無法定義，常常必須進入社群、進入內心、與朋友交心、和信仰契合，才能得到心靈安頓。第一種方式就是在歷史的藝術表現中，不論是歌曲、音樂、戲劇、圖畫、泥塑、文學創作故事裡尋找共鳴，找到心靈的出路，找到止罰、離罰的路徑。第二種方式就是進入孤獨的狀態將事情理清，淨心冥想自己的存在狀態，利用【大學】中定、靜、安、慮、得的過程，進入理解取得智慧而理解。第三種就是利用佛教中【心經】的涅槃狀態，脫離色、受、想、行、識，而能認清【空】的境界，根本上脫離潛意識的一切思維。

我們看到例子證明【罪】與【罰】的關係：亞特蘭大憲法報記者凱西斯克洛格在理查朱爾事件中做了什麼，讓她覺得犯了錯？凱文卡特的照片《飢餓的蘇丹》又犯了什麼罪讓他覺得需要以自殺來結束生命，聖女貞德又犯了什麼罪？需要當時教宗出面，用火行伺候女巫的方式完成政治上的需求？張學良、孫立人又因何罪被蔣介石軟禁，當事者能接受嗎？社會能接受嗎？但一切都會在時間中被淡忘，只有跟歷史相關的事件才會被提出來比較分析與參考，但是【對】【錯】【罪】【罰】的定義無法等同對照。

蘇俄有個作家杜斯妥也夫斯基，寫過一本小說叫做《罪與罰》，這是關於一個貧窮的法律系大學生拉斯柯尼科夫的故事，主角患有憂鬱症，但他願意放棄一切道德約束做出犯罪事情的企圖心，當他殺死了那個小氣的房東老太太，卻連帶為了滅口殺了老太太的妹妹。這個連帶的罪行卻讓主角覺得有了罪惡感，在認識了有強烈宗教信仰的索妮雅後，他決定自首，承認了他的罪過。在他刑期之內，在索妮雅的隨同下前往西伯利亞，過程中認識自己的心，皈依了宗教。所以犯罪的界線在哪裡？誰該殺？誰又不該殺？罪，藏身何處啊？

嘉樂頓珠親筆回憶錄中說他是有罪的，這是他自己設定的罪，因為他認為犧牲了流亡政府同北京真誠談判的機會。這不是宗教設定的罪行，但是卻在他的懺悔中看到中國政府的壯大，看到西藏在中國的努力下欣欣向榮。這個錯、這個罪所帶來的罰就是他的流亡。

以擅自闖入國會殿堂一事而論，美國因三權分立強制所定罪，民間無異議；香港雖有法之最低標準，但起初不為民間所定義，故在遭到杯葛之後，因反對聲音配合打砸搶，順手牽羊民間財產，混淆了反對者的原則性，這才讓官方得到執法的正確性；在台灣，在官方為法所姑息，民間亦然，就使得闖入國會的行為輕描淡寫，失去了焦點，又被執政黨認可，因此錯誤就不是錯誤了。

在十九世紀末，中國在受到八國聯軍幾番侵略，受到屈辱之後，到了二十世紀，中國在中原地區幾番振作，試圖改變中國在世界中的地位，但可惜在列強傾壓之下，怎容得你有一絲機會，於是強權就代表真理。入侵者會感到自己犯罪了嗎？

二十世紀，在西方自相拚殺，二戰、冷戰及廣場協議之中，中國得到列強夾縫中的滋潤，有了復甦的機會。只是如此的過程中產生了多少罪，又有多少罰在不同的人身上相互交錯，造罪的人、受罪的人、受罰的人、無辜的人，讓老百姓在傳統中、在時代裂解中，冰火幾重天！孰是、孰非、或是否能得到大澈、大悟，誰能理解？在含蓄中國人對歷史的傳承中，如何才能得到救贖？

蠻荒時代，及至二十世紀中，對人而言，戰爭逐漸遠離的時代，離群依然是最大的錯誤。但到了本世紀許多人已經勇於脫群，自以為安全、自以為富足、自以為知道一切、自以為能力十足，於是人類就開始擴張自由、天馬行空、以為可以成為上帝了。

入世的儒家仁恕之說首重在【仁】，如果出發點【不仁】，如何能【恕】？因此世間之法、宗教之法、社團之法、心中之法、一切之法，確立之初，如本已立意不善，創造階級、設立陷阱、故意高調、模擬兩可，如何【罪】在當然，【罰】亦無天平之意，部分寬恕反助長罪孽，縱使耶穌或聖賢施愛提攜世人、信徒、群體、自身，使之有恥且格，道德提升，純然作夢。

所以問題來了，到了二十世紀末，當宗教的約束力越來越衰弱，【錯】、【罪】、【罰】的定義模糊，脫群者沒有死亡的威脅，還說不定會有更多的成功之路，背俗者也無有傳統的束縛，不反諸內心，只要心存功利，名祿遲早會到手，沒有機會受到心靈磨難或是身體傷殘的現代人，每每在法律前面就試圖脫罪免除罰則，那如何會在面對自己時樹立好正義的標準，在國際上美國長臂管轄的擴張，貪婪者沆瀣一氣，而宗教於此卻一籌莫展，傳統信仰置之高閣，只等混到無助、觸法，才會想起宗教信仰中的相關規範與解決方案，這些是沒有辦法挽回已犯的世間罪行。再加上自由民主主張資本主義的無底要求，在生活比對上羨慕、忌妒、恨的擴張，不僅對地球是個傷害，也是增加人類彼此之間鬥爭，【道】【法】【錯】【罪】【罰】的混亂或是【恕】的即便存在，都無法減少傷害的發生。神佛的努力該如何？才能讓世人明白呢？

因為即便是虔誠的信徒，由於宗教本身並未全然規範其念想言行，只在罪後認知，即可得恕的條件下，使得錯與罪氾濫，更遑論那些功利主義的無神論者，再者由於社會型態改變，民間俗約也大大不同。另一個就是擴大的人群與多元族群，各自有著自己的準則，在有侵略性的帝國主義心態中，達不到讓世界各族群能夠建立一個超然的無私的行為標準，因此新的秩序與標竿有迫切的需要。

以上均是從人之道來論罪罰，可是從天之道、地之道呢？身為人類的你，認為是否有罪？要怎樣才能贖罪呢？你希望祂能原諒你的行為嗎？

說【罪】說了那麼多，所以什麼才是眾人或個人認為的罪啊！當聖經舊約成就之時，是人與上帝的約定，新約不過是人類藉耶穌找到一個可以寬恕的淨土，但這不是可以隨意的藉口。對於信徒而言，既然是該你信守的，你就該信守不是嗎？對於那些沒有與神的約定的無神論者，難道自己心中沒有準繩嗎？所處的群體之內沒有俗約嗎？即便是魔鬼也要遵守他與上帝之間的約定，當你心中的標準比群體高時，會有甚麼推崇，當個人心中的標準比群體標準低時，你又會得到甚麼樣的待遇，不要在被霸凌的過程中不知道調整自己的步調與心態。

未來國度沒有國家觀念時，傳統的忠字就用不上了，失婚、不生、同性的人愈來愈多，對兒女領養者，如何能夠要求孝字？沒有戰爭的年代，就沒有群聚的需求，因此自然地對四維、八德、三綱、五常，嗤之以鼻。沒有自己心中的道法，沒有群體的道法，是去了道德的根，科技再怎麼進步，也沒有辦法得到自己的心安，社會的平靜。

疫情下可以看到「自由」在犯罪！當集體不願意戴口罩時，它就犯了傳遞病菌的【罪】，不讓他人知道是誰在犯罪的【罪】，它就犯下了集體造罪的業，這樣的「自由」已經超過了一個人該有的限度。

人類對罪的感覺皆起自於人性。西方自羅馬帝國後就沒有對人性的共識，而中國自宋明之後對人性的研究也式微了，直到西朝之入侵，功利主義腐蝕了人性，如今為了帶領全世界進入世界村，希望成為世界公民的一群對人性的啟發在哪裡呢？

素問：道者，人之所蹈，使萬物不知其所由。德者，人之所得，使萬物各德其所欲。

阿布胡勒：引人入正道，一起進天堂。誘人入歧途，孤獨下地獄。

艾布賽爾代・胡達力傳述：你們誰看見罪惡，就應當用手去改正它；如果不能夠，可用喉舌去勸阻它；如果再不能夠，可用心憎恨它。心的憎恨，便是頂懦弱的信仰了。

繼聖云：沒有經過離道的經驗，沒有得到罪過懲罰，不曾有過失去的感覺，人不會得到成長。

詩篇37.27：你當離惡行善，就可永遠安居。

俗語說：諸惡莫作，諸善奉行。

繼聖云：錯誤常在選擇之中，也常在兩難之間。

易經：吉凶毀吝各自殊途

繼聖云：世間法如何罰有情？無情事怎能判無罪？

繼聖云：對人的懲罰報應會延伸到離世以後，唯有堅持正義的存在才能得到救贖。

耶穌律法：「你要盡心，盡性，盡意，愛主你的神。這是誡命中的第一，且是最大的。其次也相仿，就是要愛人如己。」

繼聖云：無情、有情，不表，何以得知？有罪、無罪，深淺，全憑感受。

菜根譚：為惡而畏人知，惡中猶有善路；為善而急人知，善處即是惡根。

繼聖云：

斯人謂罪 內咎而始 眾議成形 究其行為 無怪罪念 嚇語威脅者 有違天地法者 視其輕重 懲戒警告 俗約皆按此法 此乃東方之道 西方則以聖經文字 假神之言 嚇阻無德

文明的密碼

文明在英語中有城市與公民的意思，人們和睦地生活在分工、相互利用的城市中，集中士農工商以達到交換、生活多元化的狀態與進步過程。在中文裡，文明指的就是人類開化、人文光明的階段。

許多歷史家對文明的判定標準，都以市集的出現、文字語言的產生、群聚秩序的建立為主。

社會學家路易斯．亨利．摩爾根將社會演化分為蒙昧、野蠻及文明三個階段，以工藝的進步作為各階段的分野，人類學家克拉克洪分成四個標準，那就是城市、文字、禮儀建築與科技進步。

當我們追尋古代起源時，神話是最古老的記憶了，繼之而起的是建

立儀式，爾後的文字及語言，再加上可供祭祀的圖騰與建築，到可以交換分工後產品的市集廢墟，藉著這些平台，最後妥協出一個可以共同遵守的生活規則，就是文化的開始，文明的源頭。

本思想以為任何一個號稱文明的族群，其存在之條件有四：一為「思想」、二為「成就」、三為「秩序與標竿」、四為「傳承」。

任何人類歷史上所創造的成就均來自於思想——金字塔、陵墓與神像等等是為了表現對死去君王的懷念或是對神的記憶；長城則是為了抵禦外來侵略，代表著：我已自足，文明發展，無意侵汝，君莫來犯。倫理、秩序與標竿顯現在集體生活中生活細節，是希望在秩序之上，建立人類更高的標準；傳承則是希望以上的一切能夠透過子孫或族人延續，知道這些生存的要件，並且發揚光大。但去除蠻荒的野性是需要許多嘗試與歷練的，過去的信仰與思想所形成的成就說明了這一切。

由於現今能夠呈現在人類眼前的歷史遺跡，大體上都是成就，藝術的包括文學、音樂、美術、舞蹈、戲劇直到當今的電影等；工藝上的包括編織、建築、冶金、水利、橋樑、印刷、陶瓷等等；人文上的包括禮儀、哲學、史學、宗教等等，許多的文明遺址陸續被發現了以上的證據，證明了成就，證明了背後的人文思想——學說、論點、主義所在，或是存在族群中的秩序與標竿，或是隱含在生活中傳承的方法，這些如果不留意就很容易被遺忘在歷史之中，那麼現代人就看不到了。

在近古，農業文明與畜牧文明是兩種重要的分類，其不同點在於是否有儲蓄，由於畜牧文明，因牧草地點關係常常移動以配合牛羊食用，牧草受到氣候變化的影響較大，是以儲存食物比較困難，一但遇到荒年，族人及家畜受到飢餓時，就會南下到農業文明所在有積存糧食的地方尋求幫助。農業文明在找到一個氣候規律的地方，可以種植足以養活人口的糧食，即便遇到偶然發生的荒年，亦能從儲蓄中找到延續生命的食物，因此生活較易，於是就能進行相當的文化活動，這也就是為何農業文明會較早發生與進展，畜牧文明相對就比較困難。

後來到了海權文明的出現，知道如何利用海洋而生存，知道最快取得財富的方法就是利用通路，靠著交易或戰爭來爭取生存機會。

然而不論是畜牧文明或是海權文明，在經營生活之後，總要從野蠻進入文明。野蠻人所羨慕的是有教養、有文化的社群，精神與理性的進步是族群必然之路，於是經由有效的教化與倫理的浸潤，這才讓身為畜牧或海權文明的族群，轉身追隨農業文明，變成高出其他人種的、有價值的一種形象。

四大文明古國中，當今的埃及空有遺跡，卻不見其思想、倫理與傳承。兩河流域的文明更是在大流士、亞歷山大、羅馬帝國、成吉思汗、十字軍東征、大英帝國的相互爭伐中，撕扯得不像樣。印度雖說也號稱四大文明古國，但由於其不僅屢遭周圍強權侵入，更由於其語言文字始終無法統一，在諸多外族侵入經營後，一直無法得到文明的持續性。因此其文明是片段的，除了些許歷史遺跡外，留存的思想只有中國幫助延續，包括佛教相關學說以及民間的哲學寓言，直到英國在十七世紀進入殖民後，語言才有一致性，所以對印度而言，英國海權文明的進入對其是有很大的助益。

華夏歷史根據目前所發掘的證據顯示，其紀錄的載體包括結繩、岩畫、獸骨、青銅器、竹簡、帛書到紙張；與華夏文明齊名的埃及歷史遺跡，大多數僅存在於墓葬中的壁畫與象形文字，而墓葬則是金字塔。至於西方文明引以為源的古希臘歷史，有許多的藝術、人文、建築及自然科學的證據顯示他們的智慧與生活進化。

這些文化產品正是在休閒安定的狀態下發生的，所以為何文化會發生在春耕、夏耘、秋收、冬藏的農業社會，太冷的畜牧文明為了溫飽；太熱的赤道沒有冷靜的頭腦，漂浮的海上缺乏安定感，都沒有適宜的環境進行腦力激盪。

在歷史的演進中，由於戰亂人口減少，直到太平時節，或由自然生育或是人口移民交換才會逐漸增加，滿足社會需求。然而人民身分的丟失，並不能直接造成文明或文化的瓦解，以猶太人而言，在歷史中一直被打壓，卻能在二十世紀復國，除了持久對上帝的信仰外，保持自己本身的力量，才能延續其文明，華夏文明亦復如是，在王朝興替之際，不斷吸取外族的文化、基因，或融合、或分枝。在過程中，或有暴風驟雨，但是總是保持實力，等待思想、成就與道德的提升。

十六七世紀，啟蒙運動使西方得以敢於求知，擺脫宗教對於人民知識的束縛，人文主義、文藝復興、工業革命、宗教改革、各式主義孕育而生，主張理性與各項自由。到了十九世紀這個大時代，西方以工業取代了農業。兵器的進步增加了殖民的力量，貧富不均使得被奴役的人口增加，功利主義使得人民變得野蠻，弱肉強食。當工業落後的國家民族被工商進步的國家，入侵、霸凌，民族的自尊感覺被壓迫時，就無法阻止民族的對抗。九一一，就是在這樣一個背景下被觸動了。

對於文明有創見的杭廷頓教授認為，和平是文明的極致。二十世紀經歷了以「法」以及以「恐懼」來奠定和平的兩種方式，聯合國所採取的是前者的方式，但是冷戰，包括了歐美對蘇聯的與現在美國單方面想對世界所執行的冷戰思維，以恐懼的方式，以多維的角度來粉飾和平，來追求帝國私利，與文明的進展背道而馳。

湯因比：偉大的文明不是被其他人類滅絕的。而是它們自己結束了生命。

繼聖云：最高層次的文明，不是靠零和遊戲來完成的，它必須是集所有文明的精華而成的文明。

梁曉聲：文化是根植於內心的修養；無需提醒的自覺；以約束為前提的自由；為別人著想的善良。

繼聖云：歷史中，文明為人們提供了最廣泛及延續性的認同。

繼聖云：人們正是因為有了物質財富後，自然就會追尋精神上的財富，有了精神上的滿足後，就會追尋心靈上的解脫、後世的名聲。

東西方文明的比較

如果說文明之間有衝突，那一定是一個假議題，衝突只會發生於慾望之中，有共同需求，人數多而目標少的條件下才會有爭執，可以說，根本上發動戰爭或爭鬥的原因只能是貪嗔癡、是七大原罪所啟動的。

東方文明是靜態的，以華夏文明為主，始於長江、黃河之間，可以進行農業耕種的地域，因此與天抗爭過程和農業技術的傳承為其重點，影響東北亞及東南亞。歷史過程是靜態的，自南北朝、五胡亂華、五代十國、元朝的蒙古、滿州的清朝，歷經陸續外來人種的移入，將他們的優點移入中土，並且融入他們的基因進入了華夏。原本就已經是多血統的漢族，與外族之所以能夠共同延續中國文明的，正是有著以上所敘述的四大條件：思想溝通，共同成就，建立倫理，一起傳承，這才覺得種族的融合能夠得到更好的，不論是生理的，也是心理的提升，因此成為了構築共同國家的要素。

西方文明是動態的，從亞洲的西側向北，抵達歐洲，先後成立了希臘、羅馬、日耳曼、拿破崙、大英帝國，始於愛琴海與沙漠邊緣的西亞，逐步沿著地中海向西發展，由於地利貧瘠農業發展不易，因此，以海洋貿易為主，在兩河文明及埃及文明開創了先河，但是西方人一直以為文明是自聖經舊約開始，不是他們瞧不起的非洲或是中東。如果說他們是新舊約聖經的文明，卻有後續的羅馬、日耳曼、英國等反猶情緒的誇張演出，有無矛盾？姑且不論，畢竟他們藉著工業發達，跨越大洋而到了北美，取得世界領導地位。在這不斷移動反噬的過程中，不論是從政治上——新的實體推翻原有文化，將原有的文明所在變成奴隸，或是從知識追求中，推翻了宗教的原始假設，或是由於其侵略的本質，不斷從許多方面反噬與之有相同基因的歐陸各族，或者是與亞伯拉罕同源的伊斯蘭族群。在宗教信仰的影響下，猶太人擁有舊約、團結及智慧，隱身於各帝國幕後，在有權利貴族的身邊或是有人口的大都市之中從商，他們很明智的完成了前述的四大條件，思想、成就、秩序標竿、傳承。正由於有猶太人在西方勢力中的導引，成就了西方文明的發展，因此西方文明如果沒有猶太人在其中的角色，將失去許多內涵。

東方文明源起於農耕，為了共同防禦水患，群體理性的共生共榮才能降低外部風險。所以政治管理以導、以輔、以和為其主要進步方略、西方緣起於畜牧文明、靠個體得到狩獵續命的成就、爾後的希臘、羅馬城邦文明沒有灌溉農業、又以貿易掠奪為其經濟命脈、成就大多由其奴隸所完成，因此對待農民的態度有著基本的不同。

東方的文明與西方不同在於，東方的文明一直在同一地點上發展，基本上以漢族為其代表，靜態發展，從不排斥其他民族參與文明的進化。入侵的民族也許會取得政權，但是在逐漸的參與中國文明的進化，而成為華夏文明的一部分。所代表的是一個「和」，人民的情緒是含蓄的。

西方文明的動態發展，雖然文明朝著進步的路上走，而且逐步的讓人類了解整個大自然的變化與規則。但講的是適者生存，所代表是一個「爭」字。人民的情緒是直接的。

再從文化諸元中看到競技場代表勝者活、敗者亡，與長城代表的不講理就將之隔離在外的不同；刀叉與筷子在飲食上的迴異；或是橋牌與麻將的區別，套句茱莉亞羅勃茲的話，麻將是先將渾沌的環境變得有秩序，就能贏得勝利，橋牌則是以手中實力取得最佳合約，並且在防家威脅中擊敗對手；美式足球代表的是面對面實體的碰撞，與乒乓代表的是隔著界線的拼鬥，兩種絕然的不同代表著看待生存方式的不同。

因此東方人為生存不惜與環境抗爭，在夾縫中得到生命的延續，強調「我命在我，不在天」，雖然有信仰，卻知道現實中宗教的地位，是以任何信仰到了東方均能以各種形式被接受。現實中，由於領導人擁有對百姓的生殺之權，在誅殺同族的慣例下，因此團隊往往以同宗為生命共同體，一人得道，同族同慶。一人得咎，族散奔逃。

西方文明一直都依靠著宗教信仰來支撐著心靈的力量，以為只有信奉祂或是祂們，才有正義可言，相信宗教才能達到聚眾的效果。於是領導者與信仰中樞是有相當的聯繫的。領導者雖也會株連他人，卻均以利益共同體為限。一直抱持著對事物懷疑的態度，直到十六七世紀啟蒙運動、人文主義開始，主張維護人性、反對暴力、主張自由平等與自我價值，直到來自於對宗教研究的科學發展，反噬了宗教信仰後，開始相信「天賦人權」，而非「君權神授」。工業革命開始，功利主義就減淡了對宗教的信仰程度，對於道德秩序，很難執行當初啟蒙運動揮舞時的旗幟。

東方政權的領袖雖然同西方一樣，被認為是天命之所受，大多數的帝王在幼年就被授予任務，於是將實權不得不交付給權臣，在當權臣不敢僭越或是時機不適當推翻朝代之際，朝代才能得以延續。但是在戰爭或是宮鬥結束後，天子隨即會被認定，朝代就會更替。

西方的領袖大多不以自己未成年的子孫接掌其政權，而是視實力或親近之人來接續權位。對老百姓而言，此不能說不是一種慈悲，但是成年接班人的慾望卻也極其可悲，使得領域廣大的政權，不能在權力足以涵蓋而導致戰亂連連，軍閥割據，即便用武力得到勝利，卻仍然需要宗教來認可，才能得到一個太平的天下。

西方文明的存在，始終認為聖經是世界文學史上最偉大最廣博的經典，然而聖經所解決的卻只能在屬靈的領域，如果世間之人不願意進入，尤其是在當功利主義橫行，宗教不能決定領導人，不能決定正義的時候，宗教就會在現實中，變成利益集團的人際關係。

其實在東方文明，歷史上的四書、五經、老莊學術等發表，所代表的是思想與真理之一部，它們不一定像成語一樣，是個故事敘述，它們說的是人性、原則與改進提升的方法。信奉的人利用現實很容易得到因果證據，因此可以得到深刻的思考與信仰的基礎。

華夏歷史朝代的更迭或是西方帝國的變換所帶給文明的影響是顯著的，釋、道、儒的傳承與舊約、新約、可蘭經的約束，是久而深遠的。

在美國國務院政策規劃主任姬隆．斯金納將中美競爭定性為「文明衝突」，足以見得西方的認知是建立在侵略性基礎上的。

中國從來都不是一個民族的國家，在漢人之為漢人之前，其實已經是個多民族的概念了，周朝除了姜嫄一族外尚有夷戎狄蠻各族的相互血統之交換後，到了秦朝上又有匈奴百越等族的進入中原，截至漢朝成立及至其滅亡，尚有羌、夷、朝鮮、倭、鮮卑願意進入中原進行種族的大融合，所以華夏一族到漢朝，當中原百姓號稱漢人時，已經是個多種族的社會了。

中國人之所以自認為是中國人，不是因為民族身份的認同，而是因為近兩千年文明成果的認同，當代中國人稍微用心就能分辨出秦朝簡牘上的文字，再仔細點甚至能夠讀出青銅器上的銘文，中國的文字、語法，思維邏輯，其實並沒有變，中國是一個早已成熟的文明體系，以俗約綁定生活習慣。所以，中國的價值觀和西方民族國家是有本質區別的。西方傳統推崇決戰決勝，強調英雄壯舉，而中國的理念強調巧用計謀及迂回策略，耐心等待契機。

接續漢朝之後的各朝代，魏晉南北朝唐五代十國宋遼金元明清，在許多族群各自表現，統治全部或局部領土後，全部願意接受承繼春秋戰國一脈相承的政治人文思想，融合成了現在所稱呼的中華民族，其過程辛苦，但是願意承擔的人自然就會稱自己是中華文明的一份子。而這個演進也是造物者的希望。

在中國，也就是這一路朝代更迭歷史中的文藝復興，是很輕描淡寫的，從文學來說，唐詩宋詞元曲明清小說，從生活創作來說，絲稠，茶藝，戲曲，陶瓷，包括飲食演化等等都是潛移默化的，不像西方在成吉思汗征伐後，再從低谷震蕩中突然睡醒發現了許多思考的成就。中國唯一讓思想停頓的是政權真正專制時代以後，也就是明太祖以後。直到西潮把中國推到萬丈深淵，才開始思考，而且是以工業科技為正宗，把西方引以為圭臬，事實上各種主義，不過就是一些想法，有些還不適用於有道德的人們，不足以為參考。拿宗教來說，佛教到中國會演化為禪宗，共產主義會演化成有私人資本的社會主義。但是在美國資本主義所帶來的，卻是深化種族主義，貧富不均，侵略性、挑撥性。

杭廷頓從西方為主的國際觀，認為現在主導全世界的西方文明有著自然之優勢，但也認為西方文明並非放諸四海皆準的最終文明。杭廷頓認為西方文明有著自以為是的優越感，在受到挑戰後所引起不安全感的自然反應，使得極力尋找敵人的想法益發嚴重。

東西方文明看似是由一個善於民族融合、有人文基礎，以提高人性為教育目的的文明與一個有戰爭組織經驗、了解如何交易、有探索思考能力、主張自由的文明比較。在二十一世紀，當兩者完全深度相遇的時刻，相互接納的進程，影響著世界村完工的時間。

東西方政治延續文明的傳統，一般認為東方政權的權力來自於家長或族長，於是專制的成分多些，而西方在自以為自由民主的環境下，其權利是自下而上，因此對被限制與自由是有程度上的不同，然而執行起來，各有其利弊得失，只有相互學習才能得到真諦，家長式地政權也要學習如何民主，民主政權下，人民雖授權政府，但人民也要學習如何被限制。所以其中真正的關鍵在於教育，唯有教育才能讓大家都明白是非之所在。

約瑟夫・魯德亞德・吉卜林：除非天地立於上帝最高裁判之面前，攣生兄弟，東始終是東，西始終是西，本無相遇之期。但兩巨人，雖來自地球之兩極，相對而立時，卻無東西之界線，種族與血統之別也。

馬哈蒂爾：亞洲人是以微妙的間接的、調解的、迂迴的、非評判的、非道德的、非對抗的方式與其他人一起追求目標

繼聖云：既然藝術無疆界，何以文明會有競爭？

繼聖云：文化無高低，允許有特色，在限制中，追求自由發揮。文明不對抗，個別尋獨立，在擴張中，互相融入。

神與魔鬼談審判

撒旦：真是好久不見了！上次見面是在路西法爾的歌劇吧！當尼采說祢了，大家也都這麼認為時，卻未想在此能夠見到祢，真是不錯，祢還好吧。

上帝：你又不是不知道，當人類自以為知道世間一切運作的道理，地球上一般的知識就難不倒他們了，他們用智慧讓工業科技極度發展，他們利用人性弱點奪取不義之財。他們自以為瞭解了一切，除非他們自覺得不公平時，或是欲求不滿，自覺不正義時，才想找到我。看到川普那個自大的領導人嗎？平常目空一切在面對新冠肺炎入侵中國時，縱容媒體說他人的不是，但是當病毒入侵美國，局勢無法控制時也不得不要求人民祈禱，希望我能出現拯救他們。而你就不同了，他們時時刻刻離不開你。

撒旦：吃醋了嗎？其實打一開始我就很委屈，說祢是萬知、萬能、眾善

之母的造物之主，從來就不提我。可是人們不知道祢根本不理會他們，而我，只要他們肯出賣靈魂，他們是可以得到欲望的滿足，雖然我承認，不久他們就會增加籌碼，要得更多，我也會再給，直到他們身心受不了，或是讓祢給懲罰了。

上帝：你很得意？可蘭經中說你一直要證明人是會背叛真主，不值得我的厚愛，於是不斷地引誘眾人犯罪，激發大多數人的陰暗面。

撒旦：那只是一個議題，證明我是對的而已。我倒是有個疑問一直想問祢，我倆倒底是個什麼關係啊！是祢創造了我？還是自始我們就互為敵人呢？

上帝：你認為呢？太陽是我創造的，太陽照射的時間我當然在，但那黑夜呢？我就不在了嗎？我離開了嗎？假如是我創造了一切，那你當然也是我造出來的，黑夜更離不開我。黑夜之所以會又罪惡的發生，是因為人們在黑夜，許多事情會看不清楚，而我就在暗處看著事情的發生，看著人們的作為，也許會、也許不會受到你的誘惑，而做出自己所信仰的，不應該犯的行為，記得嗎？是我給了你自由的意志，同時我又給了美麗、智慧與力量，於是你驕傲、你叛變、你墮落、然後你就開始誘惑人類。你想與我平起平坐，因此你透過了人類唆使他們製造一切能夠凌駕我權威的事物，來完成你想高舉寶座在眾星之上，與我平起平坐的願望。你忘記了，你是拿著永遠信奉我的條件換的！

撒旦：我並沒有不信奉祢啊！相反的，我一直以為在執行你的任務，也就是不斷的試探人類，讓祢可以知道是誰可以得到祢的信任。可是祢既然給了人類自由意志，並沒有跟祢約定什麼，這意味著他們可以不必服從祢！不是嗎？

上帝：對，本希望他們在知道犯了罪後，他們能夠來找我尋求寬恕，用悔改的心，順從和犧牲來證明他們的虔誠。透過智慧可以提昇道德標準，提高心靈層次。

撒旦：那是以前。在那時人類中有信奉祢的，有信奉自稱是祢兒子耶穌的，也有信奉自稱是祢使者的，也有信奉三位一體的，他們過去可是彼此常常打來打去，到現在這個基督與伊斯蘭的嫡庶之戰仍然持續，倒是那些不信奉祢的，什麼佛教、印度教、道教什麼的，他們與祢無關嗎？祢曾經聲稱所有的人類都是祢的子民，不是嗎？

上帝：那不重要，他們也許不來找我，但東方各宗取我的原則；伊斯蘭取我的行為；基督世界取我的認知。重要的是，他們是否有真心悔改所犯的過錯，是否能夠不二過，是否能夠對布施之人感恩，是否能夠將仁愛散播出去，是否能夠和平對待世間萬物。希望他們知道要做成我，不僅僅只有知識，還要有我怎樣看待人性的態度，不是只有圖利而已。

撒旦：人類能夠做到世界大同的境界嗎？我懷疑。人類在信仰最脆弱之時，就是當他自認為做得很好，卻遭了厄運的時候。做得好，在戰爭中理當戰無不勝，遇難呈祥，逢凶化吉，永遠的萬事如意才對。如果遭受厄運，尤其是絕望的厄運，則勢必說明這個信仰是不存在，要麼或許存在卻不講信用、不公平、不正義，是以認為信仰無用。

上帝：我不是善行交易員，約伯記中說：神的存在與所受到的不公平是沒有關聯的，因此有人就會懷疑信仰這樣的神有甚麼意義呢？但是看看沙漠中的石油養活了阿拉伯人；猶太人回到家鄉，得以運用他們長年經營的商業，成為企業家，鑽研學問的，成為一方學者；歐洲人發展工業，成為現代工業之前衛，他們之中儘管有對我不虔誠的，有屢犯罪行不悔改的，對我有懷疑的，我不是都讓他們滿足了嗎？但是看看現在的世界被他們搞成什麼樣？不信我的東方人，或是信奉多神教的羅馬人，雖然在歷史中一直保持著他們自己的信仰，但是他們之間的正義並不輸基督徒啊。

撒旦：你要開始審判了嗎？

上帝：我要你注意一個因果關係，當一戰、二戰發生之前的歐洲，不是工業革命的開始嗎？不是人民富裕的開始嗎？當中東發現石油，讓歷史上一直惡鬥的地區，可以開始生活放蕩了嗎？當北美開始聚集了來自歐洲的金流與人流，充當了世界的霸權之後，就潛伏了九一一事件的發生。

撒旦：這難道不是人性的必然嗎？

上帝：九一一開始讓人們有審判開始的想法，因為當二十世紀末愛滋病開始蔓延時，一般人的感覺並不敏銳，如果說愛滋病其實是原罪，是縱色慾的結果，許多人寧可不相信。到了紐約世界貿易大樓的被攻擊，相信審判的人開始變多了。因為摧毀世界最高建築物的，正是被美國糟塌中東地區的人民。但是未幾，人們又開始麻木了，當新冠肺炎攻擊人類時，沒有人會認為那是來自動物的抗議，將牠們可以接受的病傳給了人類，原因是人類不知道自己是貪食的、是浪費的，於是病毒一發不可收拾。

撒旦：只要人類有需求，我就會想方設法讓他們思考，或是出賣靈魂來滿足而達到目的。

上帝：可是審判遠遠不止於此，當中國用傳統的封城與戴口罩的行為後，歐美人士卻傲慢、偏見，以至於疫病二次、三次爆發。完全失去控制，更重要的是，受苦的人們始終不節制，也不認為這是審判的一部分。至今審判的主題從縱色慾、妄稱神的名、貪食、浪費、驕傲、難道這些還不能讓世人警醒這是審判的開始嗎？

撒旦：可是看看美國的基督徒，並不認為是他們的錯啊，他們不服氣啊。九一一是伊斯蘭的聖戰，新冠肺炎是中國人的創造與散播。

上帝：我不可以假他人或他自己之手嗎？人類掀起戰爭都可以用代理人，我不可以有？而且問題在被審判者的良心，知道錯誤在哪裡嗎？有真心懺悔嗎？如果只是到教堂會會朋友，盼有貴人，交換情報，得到幫助，那樣是見不到我的。

撒旦：而我就在外面等著那些人的來臨，跟我做出交換，我的價值就在那裏。我很好奇，是誰會在沒有我的誘惑下，得到祢的恩寵？誰是你最後的選擇。

上帝：其實我沒有任何的偏見，你可以看到我給了許多民族，他們的機會，原本我是看好猶太人，因為他們在受到歧視時，仍然能夠維持正確的做法，鼓勵思考，保持理性，延續生命之際，重視教育，生命堅忍，主張和平，能夠完整的傳承正確的秩序標竿。他們的不安全感是歷史帶給他們的，然而在此不得不提一個負面教材就是美國，美洲之地難道不是我所說的留著奶與蜜的黃金屋、碧玉階嗎？兩次大戰之前後不是將許多有信仰的人都聚集於此了嗎？為何猶太人還要回到耶魯撒冷呢？不把那塊地留給他兄弟？然而畢竟歷史讓以色列復國了。可是以色列人不僅不好好的處理與當地居民的關係，要知道巴勒斯坦可是猶太人追溯至亞伯拉罕一族的兄弟耶。猶太人卻一點智慧不用，逕行貪慾，不斷擴張領土，不安全感是誰帶給他們的？要知道當猶太人遭到歷史上的強制，幫助他們最多的卻是這些同胞，經典不知用到哪裡去了。其次，當猶太人不得已而從商之際，他們依附在都市周圍，依附著富貴權力四周以求取生存，這無可厚非，可是當他們有了實力之後，卻不願支持下鄉，施捨下層人群。只願意將善留在自己族群之間，拒絕外族接受猶太福音。這是我的本意嗎？也就是說猶太人是可與共患難的，但卻有一些猶太人是不可以共富貴的。也始終留在領導人的幕後，出主意，但不願意出頭。

撒旦：就這幾點嗎？

上帝：當然不止，物競天擇只是達爾文的初淺看法，適用於一般的情況。在選擇某一物種的領導者就不一樣了，他若是沒有領導力可以嗎？對於全物種的領導者，如果沒有遠見、沒有愛心，只會被獅子、老虎綁架，那生物鏈還能存在嗎？優勝劣敗不是一成不變的，不然就對環境中的所有生物不公平了。兩次聖殿被毀，所謂何來？猶太子民不知道嗎？所犯的罪已懺悔了？但我仍然給予機會，讓他們的基因能夠傳到各地，希望讓各地民族能有機會相互融合，得到最佳的智慧與心靈的組合，可是拒絕基因交換的心昭然若揭。再者，蛇之罪明白寫在舊約之首，可是一些猶太人仍然依靠美帝國之，來取得他們要的安全感。美國挑撥之罪已毋庸自疑，而猶太人卻甘之如飴的跟隨，地球的災難，他們要負一部分責任。

撒旦：那現在是誰可以帶領地球人呢？

上帝：當我看到猶太人那麼沒有信心，看待敵人不願諒解，耶穌的仁愛心，視之不見，還在期盼彌賽亞的來臨。而看到中國人的作為後，感覺到他們是默默的一群，願意經營落後地區，勤勞勤奮，沒有人種歧視，在受到政權的高壓，或是各地的排華運動後仍然能夠保持固有特質，他們在歷史中一樣被壓迫過，但是他們卻很欣然接受與他族的基因交換，而成就天擇規律。雖然有人在受到資本主義及商人功利主義的影響迷失了自己，但是他們一直不斷的拒絕軍事戰爭或是軍事威逼來達到目的。更不用任何方式挑撥他國，干涉政權。能夠接納多個族群在一個國家之內共生共榮，能夠接受多邊的國際關係。更重要的是利用歷史的思想成就新秩序。反觀猶太人始終藏身權力幕後，沒有統治多民族政治的經驗。而中國人所統治西周、兩漢、北宋、大明或是大唐、大清都是以漢人為主的統治歷史，使得他們具有較佳的管理經驗，相較於各個族群在歷史中出現一次的帝國，對於異族的表現，著實讓我吃驚。

撒旦：我有注意到，被新冠肺炎處罰的地區多有拒絕外來移民的作為？

上帝：正確，拒絕融合的族群，不會得到我的祝福。另外還有一點那就是西方政權，每每在自己內部發生問題時，就要在外部尋找答案，比如說十字軍東征或是人權攻擊，或是疫情溯源，猶大的行為，如何將九一一的行為定義為懦夫。

撒旦：到了審判的時候我還能存在嗎？

上帝：如果地球不存在了，我就不存在了，更不要說你了。

撒旦：那我得回去好好反省一下，看怎麼做才能使大家都活著。

上帝：不用那麼費事，如果人類真的無法超越自己，無法正心、用直、感恩、和音，做出只會毀聖殿、毀文明與毀地球的行為，一切只是層次的問題。

金子與泥土相遇的寓言中說道：「如果沒有人類、沒有商業，你能賺到價值嗎？」又說到：「如果你只能不安地藏在櫃子裡而看不到陽光，不願意與他人分享智慧與財富，我不知道你還有什麼快樂可言。」

愛因斯坦：有一個現象讓我毛骨悚然，這便是我們的人性已經遠遠落後我們的科學文明

繼聖云：有信仰與無信仰的差別就是當有信仰的人，活的是人；無信仰的人，活的是命。

李嘉誠：上帝從不埋怨人們的愚昧，人們卻埋怨上帝的不公平。

繼聖云：人心總是自私的，贏的，總以為他是正義的。

馬太5:46/47/48：你們若單愛那些自己人，有什麼賞賜呢？外邦人也這樣行嗎？你們要完全像你們的天父。

繼聖云：人性不是不可以被操弄，而是當你利用完了，你要如何的回饋。

特雷莎修女「當我們生命終了，與上帝面面相對時，我們將以愛為根據被審判，不是看我們用愛實施了多少善行，而看我們在日常生活的一舉一動加入多少愛。」

歷史的理性

人類歷史長河中可以看出每個家族、每個群體只要努力，都會在帝國或是在朝代中，得到一席位置。是個人的努力，也是族群的成功，成就了王國，變成帝王及權貴。家族的菁英，得到凱薩、將軍、總理、丞相等的機會，施展各個族群的抱負與能力。只有少數幾個族群能得到再次輝煌的機會，能夠重複出現在歷史舞台的族群，就表示其族群對世界或其地區確有值得推崇之處。

因此當我們看到美國宗教社會學者魯德尼斯塔克認為這兩三百年西方的勝利，現代的文明是建立在理性之上，本文以為那時的勝利是自然的，但是相對的理性則未必。因為現代文明，眾所皆知是建立在工業革命之上。之所以西方掌握了工業文明，是因為在大航海時代，歐洲用船入侵全世界落後地區，取得殖民的機會，在掌控人數比自己多的殖民地的同時，為了達到確實地掌控當地的資源及收納當地的人變為奴隸，因此就有了許多發明，尤其是在軍火及運輸工具上的發明，所以這才是現代文明產生於歐洲的事實。

首先，基督教，尤指當時歐洲文藝復興時代開始的基督教，就是現在稱之為天主教的宗教，是不具有理性的，當聖女貞德事件、獵巫行為與贖罪券一直能出現在社會之中，二十世紀仍不斷有神父性侵、教會貪污醜聞，從現在的角度，不能稱宗教是理性的。神學的勝出，是因為有了科學性的研究，包括了達爾文進化論、達文奇的藝術成就、馬丁路德的宗教改革、哥白尼的天文發現等等。十八世紀末安德魯愛德華的看法「顯現的聖徒，在無邊的蠻荒中理想而虔誠的典範」。但是，到了二十世紀殖民時代終結時，反殖民主義下，傳教士卻被認為是殉道者，是一個「殖民入侵意識形態的震撼部隊，宗教的狂熱讓傳教變得盲目」。那代表著前往處女地的傳教士是錯的嗎？他們的熱情是上帝的榮光，可是當時的熱情、當時視為的理性，在歷史中會變成不正義嗎！

在技術上及組織上，西方的確有著前瞻性，雖然這個前瞻性也是自文藝復興後才逐形成的，建立在自由的思想之上。是現代工業文明的起點，但是，「自由」能成事，也會敗事，這就是現在貧富不均，濫用資源，浪費食物，階級創造或是疫情蔓延最主要的後遺。不能否認它帶來人類文明，但政權的領導者卻沒有盡到啟發道德，彰顯理性的責任。

資本主義的發展是最大的爭議，不僅發展的同時同地，也有共產的聲音，而且在二十世紀，逐步地向共產主義或是社會主義靠攏，否則沒有辦法解決社會問題。但即便如此，還是讓工業殺掉了農業，商業又取代了工業，鍵盤上的霎那選擇，立時就能賺進百萬千萬的工作，誰人不愛，工業需要淡旺季；農業往往更需要一年的養育期；智慧財產則更需要念上一籮筐的書，還要等待機會；金融賭博只需要錢及判斷！人人找利基大的事情經營，逐漸忽視了實業，輕賤了糧食生產，即將而來科技的極致，可以預見機器人取代人類，逐步淘汰了人力，這讓現存世界的七十億人口如何自處於生活基礎的農業與工業？那時會需要甚麼樣的理性？

斯塔克的理論，並不能說明西方現代文明的勝出是主要原因。而且西方人也一點不理性，只是西方文明的出頭，恰巧是活在東方衰敗的年代，以及第三世界無法真正活出自己的時候出現，而且正當歐洲可以享受工業文明的成果時，自己卻搞內鬨有了一戰與二戰，所有的人流與金流往美洲大地移動，因而被美國取走了帝國風采。因此西方列強之間的合作與矛盾，恰是西方文明勝出的主要重點。

近代西方的勝利建立在列強的合作，資源資產來自於搜刮世界落後地區，絕非理性，所以接下來我們來討論西方人的勝利有理性嗎？以下列四個論點來討論：軍事、審判、疫情、人權。

在軍事上，美國，從韓戰後就開始對世界挑動戰爭，不論是明的或是暗的，都已經被世界歷史記錄下來，有發動的理由？過程有理性嗎？

戰爭背後的自私與貪婪才是主因，不是理性！

西方宗教自愛滋病開始到九一一事件，一直鼓吹是上帝審判的到來，可是到了天火降臨美國，北極震盪襲擊了德州，疫情蔓延全世界，疫苗不願意助人於第一時間，宗教卻趨於保持沉默，這樣是理性表示嗎？看到的只有縱容與包庇！

談到新冠疫情的蔓延，一開始也許只犯了貪食與浪費的罪，可是在傲慢、偏見、忘形、自由的行為上，一發不可收拾。疫苗的發展，更顯露了狼子野心，而且一直在政治上死咬著即將超越自己的中國，理性嗎？除了自私還是只有貪婪！

至於人權的主張，自己尚且不能做到，卻始終杯葛難民的到來，掩不住自己的人種歧視，包括霸凌原住民與各項攻擊有色人種的事件發生，用一些不實攻擊中國的人權議題。如此看得到理性嗎？為何只感覺到嗔與癡，一切為政治掛帥。

可是什麼才是理性呢？這跟如何面對自然環境災害是同一邏輯，必須要在現實基礎上，接受不可變的事實，創造可更變的部分與現實妥協，這才叫做理性。不是一味耍賴，自訂規則來改變現狀。

我們再回到應對天災來說，從自然環境受到傷害，理性的做法是自己尋求保險賠償，或是亡羊補牢建立保險新約，或設立其他機制，應付以後發生的狀況，試圖復原自然環境，或是及早制定環保規則，阻止自然災害發生或延續。如果實在無法復原，遷地為良，也不失為一條出路，這才叫理性。不是一味的堅持自己可以揮霍，自立法規，非我族類必須買單的作法，或是無謂地指控莫須有的事，那些才叫做非理性。

所以從偏見上引導出來的認知，在感覺到貴族時光不在的狀態下，寫出了自認的光榮，本身就非理性。

由於人類本是一個感性的動物，在轉變成萬物之靈時，必須要添加理性，才能增加其靈性。歷史中理性的發展是漸進式的，比如說從茹毛飲血原始食材，到手用餐具精緻烹飪；從隨地而食到正襟危坐；從原始毛皮到以獸皮蔽體，到簡單衣飾，再到時髦時尚；從戰敗奴隸，到制度人殉，到只取戰利，再到原諒敵人。

其次就是對實力的容忍度，在接受實力強的人群作為領導，作為被統治的人民，要學會自制，面對領導者感性的部分，直到不能忍受集合眾人力量將其推翻為止，開始另一場走向更理性社會的努力。

對於西方世界，也許認為他們所創建的自由、民主、工業、科技文明的社會已經足夠理性了，但是從這次的疫情，就可看出西方文明的理性其實遠遠不足的。看到西方社會，訴諸自由者有之；迷信盲從者有之；霸佔疫苗者有之；利用疫苗賺錢者有之，所謂的理性全然看不見。當看到有儒家背景的國家，懂得自制，於是疫情較輕。否則，就是免疫系統較強的非洲國家，沒有太大的疫情擴散。

人類的非理性主導著貴族與領導階層，對內創造了社會的不平等，對外創造了擴張的企圖心，在能力或是條件允許的情況下，或許能夠成功一二，但是當對內的不平等，製造了內部的分裂，或是當對外經略，實力不夠時，就讓歷史回歸理性，理性會存在於謹慎的，自我約束的條件下。

個人有喜怒哀樂 七情六慾 是故常有感性行為
群體須顧及全局 瞻前顧後 必須理性看待眾生
富強時恣意妄為 率性偏見 自私無視他人存在
居下位委曲求全 以圖進階 克己復禮節制感性

弗洛伊德：理智的聲音是柔和的，但它在真正讓人聽見之前決不會讓樂觀的情緒停止

俗語說：懂得失敗與勝利的真義，才能真正了解理性是什麼。

哈利法克斯：當理智不站在我們這一邊時，它在我們眼中就成為世上最醜陋的東西。

俗語說：理性使我們臨事能冷靜的妥善處理，但感性使我

們敏於人們的情緒，表達真感覺。

卡爾波普：理性是羅盤，欲望是暴風雨

繼聖云：一直倘佯在勝利與富裕之中，是不會知道甚麼叫做理性的。除非優勢的一方能夠放下他的心。

左傳：量力而動，其過鮮矣。

繼聖云：歷史記錄著非理性的事件，以證明理性道法的存在。

霸權對抗下的焦點——台灣

當民進黨主張台灣獨立時，一般以為那不是不能被理解的，因為自古以來哪有一個家族、教會或是團體不分家的，歷史中當一個團體大到某一個程度，其中的各個成員的主張必然會有所不同，人各有體嘛！利益亦常交錯衝突，有實力能夠獨立，何嘗不是另行開山別府作為結局？與時推演，在有相同利益的情況下，國家政權未嘗沒有合的契機，現實的例子就是東協與歐盟。中國文明不同於講求零和遊戲的西方文明，對於域內各個不同民族的特性與政權下放自有解決之道。在「合久必分、分中有合」的歷史進程中，利益同則相向合作，利益衝突則各自努力，這是必然的道理。在網路群組、區域經濟發達的今天，合分之間更又有什麼定數？但是當民進黨執政以後，開始朝著去中國化的方向進行改革，在教育上與中華文明脫鉤，丟棄國家一直使用的歷史文明甚至語言的演進時，邏輯沒有衝突性嗎？

歷史文明，以為有著四個要件那就是思想、成就、秩序標竿與傳承。中華民族的歷史是世界上最完整，也是最有延續性的文明，因此既然在歷史因緣下讓台灣繼承了中華文明，島上的八大族群人口原住民、閩族、客家、灣生、外省、南移、陸移、港移，大多屬中國歷史文明的後裔，或至少曾受到中國文明影響的族群，在一貫島上的教育體系，雖然依舊保留了自己屬於西拉雅的各族語言，但如果沒有像印度用統一語言來解釋自己的文明，那要如何與國際對接？

語言及文字是文化的載具，在歷史的長河中，文明的壯大是需要融合他族的文化，於是語譯與字譯的工程就很重要了，這個工程不僅僅是需要有足夠的人口，也要有足夠的經濟實力才能完成。要走進現代工業文明，靠攏中華文明其實是最好的選擇，因為在不遠的將來，世界將只有幾個主要語言與文字及其與不同文字間的翻譯界面而已。因此當執政黨在民粹的口味下，把歷史課本去中國化恰當嗎？要知道光一個歷史課是不能讓中華文明消失的，它存在於國文、藝術、生活、思想、倫理。

看看民進黨的國政主持下，為了延續國民黨反共抗俄的政策，為了要認真看待賣給台灣武器的美國人所提供的情資，於是台灣就要在反對中國的立場下，把自己的歷史或是語言拋棄，姑且不論其中所要花費的代價與工程，或是政府想要用哪一個歷史或是語言來取代的問題。更重要的是政權應當了解歷史所代表的意義是什麼？語言及文字在歷史中的主要作用是什麼？更為突兀的是民進黨透過媒體教導河洛語言文字，支持歌仔戲的播出以彰顯忠孝節義，那些不正是中華文化的源頭嗎？錯亂的情節讓人無所所從。

從邏輯的角度，若是主張文明由明朝鄭成功帶領而來，那何以不主張明朝以前的歷史？又河洛語出自於周朝，是為漢代主要語言，那是否至少應該主張包含漢唐以前的歷史？或是為了表現族群的平等，把客家人融入，從唐山人來台算起？或更為寬大計入所有四大族群，自民國三十八年算起？

台灣的歷史基礎在哪裡？思想從哪裡起源呢？一國或是一個政權的文章如果沒有過去，那哪裡是他的未來呢？沒有前述哪裡會有其邏輯之後來呢？

如果意圖讓未來轉向日本或是追隨美國的海洋文明，這個未來憧憬拿什麼來做為基礎呢？因此本思想於此談論歷史之所以影響信仰，就一個現今住在台灣的人民所想，一併在此提出其重要性。

余光中在其文學作品中直接闡明了台灣人認同的糾結：他說他當然是台灣作家，但是他同時也是中國人，華夏的河山、人民、文化、歷史都是與生俱來的「家當」，怎麼也不能消除。然而今日的台灣，在不少場合，誰要是做了中國人，簡直就負有「原罪」。

本思想的立場是不可拋棄中國文明，因為那是我們思想的來源，邏輯的基礎，更擁有許多華夏的歷史成就。

雖然民進黨不想讓中國進入台灣的歷史，想按照美國歷史的模式建構台灣的歷史，甚至有民意代表不惜主張台灣是南國文明，然而卻對原住民不予以尊重。跟美國相比，美國是在工業革命開始之際獨領風騷，領土距離文明源頭的歐陸隔著大西洋，領土上的人民來自四面八方，各個民族都有，由一個「說」「寫」著英語英文的文明帶領之下，顯然可以是一個新的局面。即便如此他們也並不否認他們來自歐洲的文明傳統，把荷馬莎士比亞當作他們的文學起源。

更重要的是當美國為了私心、為了修席底德陷阱、為了建立自己的族群，以對抗中國，而讓一個具有中國文明基因的台灣，靠攏於他，而台灣政權也為了表明真心，而把拋棄理念上的中國當作是一個投名狀，這個表白真的能讓美國對台灣放心嗎？讓我們看看德川家康的例子就明白，如果不能保全自己的實力，不能讓自己的壽命綿長的話，忍讓並不能解決問題。試著走在世界進步的道路上才是正理。

台灣原本可以宣稱繼承中華文化之正宗，有著中華文明的正當性，然而卻自廢武功。在推動獨立的當兒，沒有建立居民共同的思想，一直鼓吹河洛文明是來自於漢代，血統來自於延平郡王，卻妄想拋卻自己邏輯的根苗，不曾討論倫理該如何建立，只一味的追求民粹，跟隨海權文明，工業革命，只論及利害關係，所創造的人文成就卻乏善可陳，令島民不知該如何生活、傳承，該如何保護自己不成為西方的殖民地。

讓我們看看真實台灣的過去，首先出現的是直到十八世紀末仍然進行出草的原住民，原住民可以說明它所代表的文化是什麼？能夠有文明上的意義嗎？在思想成就倫理傳承上的表現？雖然，對原住民來說很刺耳，但是那不是事實嗎？如果不能面對，那就無法面對後繼的生命！

雖然我們在歷史中曾經像養女一樣在馬關條約中被棄養，當時在地的百姓曾經抗議過，雖然也知道當時的清朝是殘弱的，在經過了幾十年的適應，正當台灣人開始適應日本文化時，被迫幫助日本人對世界侵略，台灣可是無奈的，接著突然的台灣就回歸了中華民國，一個繼承大清的中國政權。須知道台灣一直是一個悲情的地方，經歷了鄭成功與康熙的鬥爭，與原住民爭奪居住地，漳泉惡鬥，閩客相爭，抗日等等產生了無數的冤魂，能夠和平的適應當地不是一件簡單的事。在經國先生不斷的努力下，才有了逐步穩定的社會，可是即今為止，連族群相互聯姻都還是困難的情況下，怎能企盼政治權力的糾葛是平順的。

當一族把悠久的歷史拒於門外時，你這一族的文字、語言，思想、成就、倫理與傳承在哪裡？

當下當中美產生隔閡的時候，台灣又變成了工具，一邊是處心積慮分離政權的西方世界，一方又是文化語言相通，但卻拿著武器相逼統一的中國，台灣曾經抱著心胸極力地幫助祖國建設，台灣至少有一百多萬的精英，在這二三十年穿梭兩岸之間，可是為何會有如此的回報呢？就因為台灣曾經是中土政權的嗎？這是誰的錯？為何沒有一起努力拚得地球村環境的想法，如此將沒有統獨的問題，不是嗎？

此次新冠病菌所要打擊的就是群聚社群，若非人類智力合作、互通訊息、資源互助，已經使人類了解世界村的必要性，如果不能體會這次的教訓建立普世可以遵守的規範，仍然沉迷在國家、民粹主義之中，將置自己族人、國人於滅亡之中。消除歷史就是消除自己思想的仿古來源，使自己的論述沒有根據。而全世界為了對抗病菌已看到了世界合作的前景，這個共同目標足以讓所有國家瞭解人類命運共同體的意義，國家或區域的對抗將不具意義，合作將是趨勢。

西潮所帶來的自由與民主固然是五千年來人民之所望，但是切莫忘了其趨惡的本質，因此在對抗中國的行為上，用「直」是一個較佳的態度！這個「直」是儒家的直。尤其是當西方歷史學家湯恩比的歷史觀反對國家至上，主張文明才是歷史的單位時，當區域經濟如火如荼的進行時，當疫情來臨需要世界各國在WHO內進行整合，相互借鏡。國家的功能已逐漸弱化時，在未來，世界已然逐步走向世界村的格局時，或統或獨都不應該執著。台灣，一個流著奶與蜜的地方，不應是民族內的戰場，對於一直主張人類應該向著世界融合之路前進的我們，當前的責任是必須導正歷史觀，因為只有讓他們在工業革命思想改變之後，能夠利用歷史經驗，修正倫理的路線，帶領全世界走進科技昌明的文明天地。

其次在面對一個強權，基於顏面，可以不說八字箴言的前半或後半，但一定要主張一個歷史下的兩個制度，這不僅將我們置於文化的最高峰，也表明台灣人民嚮往的方向，而且那剛好也是現況，不是嗎。

讓我們來複習一下歷史，是清朝把台灣放棄了不是嗎？當分不清楚孰是孰非的時候，台灣經歷了內外的許多矛盾與對抗，而中國卻用武力阻止台灣不要做這做那，台灣的生活不容易ㄟ！另外在母國這二三十年，要錢有錢，要人就有人去支援，中國怎可以這麼殘忍嗎？？

但是台灣如果只有情緒而沒有智慧解決分歧，將不只是作為強權的籌碼而已，而且也沒有向前發展的動力。本思想願意支持大家一起往和平地球村方向前進。

章學誠：明述作之本旨，見去取之從來。

繼聖云：思想的起源，成就的自傲，倫常的主張，傳承的方法在哪裡。

余光中：莫為五十年的政治，拋棄五千年的文化。

繼聖云：政治不過是在文化下某種思想的生命勃發，很快就會被另一種思想所取代，逐漸走向中庸，而人民卻是承接文化的主體，沒有人民，沒有文化，就沒有政治！

唐太宗曾言：「以銅為鏡，可以正衣冠；以史為鏡，可以知興替；以人為鏡，可以知得失。」

孔子：以直報怨。

繼聖云：了解怨從何來，又該如何面對始終是一個需要智慧的課題，切莫將自己捲入萬丈深淵。

綠皮書：改變人心除了天賦，還需要有勇氣。

繼聖云：更需要有視野。

繼聖云：「非敵即友」，與「非友即敵」的概念相差何止以道里計。

審判的主旋律——疫病

假如說疫病是來自於萬物的反擊，這事實會不會讓萬物之靈的人類無法承受？

疫病在歷史中，從來不曾間斷。在西方，遠自西元前的吉爾伽美什史詩或是伯羅奔尼撒戰爭就有記載。而在東方，商王武丁的甲骨文到三國時期的傷寒，無一不是赫赫有名，令人深刻記憶的過去。鼠疫、傷寒、霍亂、天花、瘧疾等等列名無數。過去無人深入研究或即使研究也很難探究其根源，最多只能說出其宿主的動物為何。那麼當今的這個新冠肺炎打哪兒來呢？讓我們從漢醫及西醫的角度先看看它的症狀。

新冠病毒的症狀是發燒、乾咳、呼吸困難、鼻塞、味覺嗅覺的消失，然後導致肺積水、肺部纖維化，最後因為呼吸困難而導致暴斃而

亡。發病期間徵狀無汗、少打噴涕、不流鼻水、沒有痰能吐出、不頭疼、少有腹瀉。

此次新冠肺炎確屬外邪，卻又未進入胃部而留在咽喉部位，直接侵入肺部，由於內部免疫系統之失能，未能將之納入呼吸循環系統而排出體外，反將病菌藉呼吸之便進入肺部，造成肺部積水、病變，味覺、嗅覺的失能，最後在沒有呼吸能力後，暴斃而亡。

若從三焦理論來論，上、中、下三焦以橫膈膜與肚臍為其分界，均以藉著體溫，將體內廢棄物蒸發至部位後，藉下、汗、吐之法離開人體，汗、吐、下、和、溫、清、補、消八法，乃一般漢醫治療疾病的主要方法，藉人體機制自然將病毒與濕氣排出體外。「下」所指為大小便；「汗」即皮膚發汗；「吐」乃藉痰、鼻涕、噴嚏或嘔吐，自口鼻而出。新冠病毒徘徊於上焦部位卻無法順利將病毒排出體外，是病人之主訴，因此藉「吐」法方是最好的醫療方式，目前西醫救護實景，確實使用呼吸機增加其排除外邪的功能性。漢醫目前，漢藥臨床在華人區使用蓮花清瘟與台灣清冠。再從營衛系統來論，當新冠初發之際專攻老年免疫系統衰弱或是其他慢性疾病，患有心血管疾病，肺病，糖尿病或腎臟病等臟器受傷之人，因此我們如從身體自然防衛系統的正常性著手，未嘗不能治療於未發之前。人體的防衛系統會因為食物處於胃部而進行消化，接受營養的時間內減少防禦活動，是以當大病初癒會沒有胃口，只宜進一些易於消化的稀粥。

當新冠病毒侵入，體內又沒有防衛系統進行運作，當然就易於造成外邪之發展。當我們比對世界新冠病情，發現確診率在已開發國家迅速開展，死亡率高，如歐洲與北美。開發中國家，即便有高確診率，但死亡人數卻不多，如蘇俄、中國。而未開發國家如印度、非洲，卻只能將它視為一般感冒，有確診，死亡率很低的事實。所以中國古代養生「三分飢寒七分飽」的說法是值得參考的。

綜合以上，從漢醫的角度，及實際病例，治療好的或是死亡的，從已知資訊知道，病菌在人體內的發展，一定要從免疫系統著手，口罩的運用是至關緊要，才是真正阻擋病菌侵入的最好方法，如果一味率性講求自由不帶口罩，貪食，不禁口腹之慾，任由三高傷害身體，有慢性病不療養，不能清心寡慾，疫病就無法得到好的阻絕。

從西醫的角度，新冠或是從宿主蝙蝠的身上或是實驗室研究發現的細菌、微生物的RNA，單鍊核醣核酸藉，由空氣中氣溶膠而傳染，達到人傳人的方式，於是怪罪中國人亂吃山產或是實驗室的研究外傳而得，可是過去的許多疾病、疫病，有幾個不是因為人類無法承受某個生物上的細菌而得到感染？而該病毒卻能好好的與該生物和平共存，卻讓人類瀕臨死亡？西方醫學所能想到的方法，就是發展出疫苗來對抗或是臨床用呼吸機幫助呼吸系統運作，與漢醫一樣利用人體自己的系統自然將病毒排出體外，而得到復原。

因此當我們溯源，不論是漢醫或西醫均以免疫系統為重要關鍵時，我們可以判斷出若非年齡老化，否則就是免疫系統運作的時間不足或是另有他用，才造成免疫系統不能將病毒排出體外。根據實際調查，心血管疾病及肥胖者有較高的機會染病，而病患，無疑的都是食物的愛好者，這恰好符合營衛的漢醫觀念，防衛系統弱是因為消化系統運作過多而引起的。再者免疫力跟血液循環有著密不可分的關係，這也就是為何新冠發生於冬季在血液循環較差的情況下，尤其是在帶菌體液無法順利循環排出，就會造成體內惡性輪動，所以在冬季為了要得到足夠的能量增加循環，曬太陽、泡腳、焐手或是食薑是一個較能對抗疫情的好方法，這也反證為何熱帶區域或是性喜食薑食辣的民族比較少有疫情。

最後，我們從宗教信仰的角度來看，當愛滋病肆虐全球時，宗教強調世紀審判到了，因為它違反宗教七原罪的一條，貪圖色慾。而今天如果說新冠肺炎犯了貪食之罪，也許有人會不服氣，但是看到歐美社會的疫情蔓延，卻仍舊主張自由，不願戴上口罩，是否又犯了另一項原罪：

傲慢，才導致局面無法控制。無疑的，這是一個審判，正如同本文最初的表述，此疫來自於人類的原罪。更重要的是，病毒審判了人類。

疫情已歷時二年，回頭看看政治家們說了些啥？從一開始說疫苗接種率有多少比例就可形成群体免疫。後來又改口說要達到再多比例，到現在再改口到百分之九十五才行。從打一針，改為兩針，再不斷增加到打四針！說法從接種疫苗可「防感染」到「防發病」，再成為可以「防重症」，最近說成可以「防死亡」！何處才是個頭？

醫療系統發了財，政治家亦然，保險業也跟著發明一些產品斂財。所以不是科技問題，不是政治問題，不是災難問題，不是制度問題，而根本，徹徹底底是一個人性問題！

律者新義：飢而後焙，食而不費，餘食認捐，順勢而為，天賜良方，去疫而康，貪食桀傲，逆天則亡。

黃帝內經：道者，法於陰陽，合於術數，時飲有節，起居有常，不妄作勞，故能形與神俱，而盡終其天年。

孫思邈：善言天者，必驗於人；善言人者，必本於天。

繼聖云：當今發達之地，食物浪費者眾，棄之於巷弄荒野，孳生細菌以養禽獸，若不反噬，真乃托天之幸。

繼聖云：當今之病疫厲也，只追病菌為何，只論疫苗之用，只謀一國之利，何談疫病消無。當今之亂，起源傲慢、偏見、自由、放任，而不謀自制之道。

歷史即宗教

在歷史中，可以看得很清楚，中國有辦法把一種主義，或是一種宗教，或是一種思想，或是一個成就，因地制宜，變成自己的模式，比如說共產主義就變成中國社會主義，蘇聯卻走向資本自由化，佛教到了中土，就產生了禪宗，而印度卻還是信仰有種性制度的印度教，科技文明思想創造了現代文化，美國卻將製造鏈外移？網路成就了數字貨幣，美國卻考慮不用。所以當我們看到世界變化，會感嘆為何牌桌上的咖一直在變，卻始終有中國人的身影，自己創造的思想與成就不能面對環境變遷而順利傳承？世界各族都在抱怨沒有正義？不能讓自己的族群享有輝煌到永久永久永久？但那是對誰的正義？

從天道的角度，在禽獸圈，正義就是吃飽了就不去干擾食物鏈。

在人的道理，舉個故事說正義，一個黑道老大他曾經為了在幫派中奪權殺了拜把兄弟。到老了，他的兒子以為由他接班是天經地義，常常以太子自居，幫中耍威風。

有一天，他爸爸在開會期間，把兒子弄到台上跟他一起面對幫中兄弟，他爸爸說「你很屌，幫內許多人叫你太子，你真的可以接我的班嗎？你知道接班後要做什麼嗎？你看到那一邊的三五個女人嗎？那是被我殺掉的三叔的女兒，以及你五叔的遺孀！我每個月都會給他們生活費，本著一家人的精神照顧著她們。所以什麼是正義，取得老大位置的過程可以很殘酷，可以很無情，但是當你取得權力之後，你必須要照顧每一個家族中的份子，包括弱勢的！這才是道義、責任，你能做到嗎？」

兒子說：那還不簡單，不過多了一兩口吃飯的而已。於是父親給了他一把槍，說道：你很幸運只要把你老爸幹掉，你就可以立刻接班。

兒子遲疑了一下，老爸說：做老大還要有膽量，你沒有。兒子受激後，立刻按下手槍的扳機，可是卻沒有擊發，因為槍中沒有子彈！他老爸掏出懷中的槍，對準了兒子，一槍把他擊斃，說道：忘了告訴你，做老大不僅要有經驗，知道人性，知道自己的武器是否有子彈，還要有實力，才能保證自己的權力延續。

所以什麼是正義，人的正義為的是自己千百年已經證明了人類的自私。從天的角度，不是人類自己說的正義，是人類是否能夠照顧到所有的角色，包括人類所在環境，促成人類偉大的所有因子。看看人類把天地經過幾千萬年所有積存的淡水、石油、煤炭、樹木、珍禽、野獸等等，幾十年以內就消耗完畢，讓整個地球無法很難繼續循環，而否些人類卻為了不讓其他人能夠得到他們已得到的好生活，於是想方設法製造陷阱，讓自己能夠永遠站在高處，甚至不惜摧毀遺傳基因，摧毀某些人的生機。人類不被審判，那還有什麼正義，所以愛滋病起，高塔被毀，天火不斷，疫情肆虐，聖嬰現象，北極震盪，蝗蟲成災，而人類還在自私自利，囤積疫苗居奇，自相殘殺，挑撥離間，高唱自由，自認為是上帝，意圖與上帝同席，這是正理嗎？歷史已經陳述的很清楚，只有保證周遭的一切不離天時、地利、人和、少災、少禍，才能延續王朝和人民的生存。

歷史雖然常常說的是政治、或是戰爭、更或許會有一些思想，道德與非道德的故事，但它畢竟講述的是事實、是結果，雖然不一定有原因，分析往往得靠專業或是自己的主觀看法，可是它能讓人感受到趨勢，感受到能量，接受到訊息，因此它不是政治，不是戰爭，也無關乎道德，只是用它帶出真理信仰之所在。

宗教信仰理應對世界和平有重大的付出，因為他們在歷史進展中，建立了許多倫理道德的典範，讓芸芸眾生能夠效仿，讓未來變得更值得生存。然而當我們看到歷史上，仍然有許多人利用宗教信仰來煽動鬧事，導引偏頗，尤其是當有人侮辱他們的神或是經典或是想法時，或是彼此搶奪地盤或是奉獻，主動與被動對應的程度不恰當，更重要的是宗教之間不去建立共識，即使彼此的教徒都在減少之中。孰不知信眾的行為決定了他們的神或佛的價值，從他們宗教信仰的歷史中，切實去感受錯誤與失敗，才能充分的散佈該宗教信仰的真諦，帶領人類走向和諧。不肯承認自己的錯誤，又不肯順應潮流，變更面對信眾的方式，更無法對經文做出一些變革加減，如何帶領未來的世界公民呢？

禪者救水裏掙扎的蠍子。一次一次的救，卻一次一次的被螫。旁邊的漁夫說：「你真蠢，難道不知道蠍子會螫人嗎？」禪者：「知道，已經被它螫三次了！」漁夫：「那你為什麼要救牠？」禪者：「螫人是它的本性，慈悲是我本性。我本性不會因它而改變。」此時，他又見掙扎的蠍子在水裡。正要毫不猶豫地再次伸手時。漁夫遞給他一根樹枝。禪者用這根樹枝撈起蠍子，放到岸邊。

漁夫笑著說：「慈悲是對的，既要慈悲蠍子，更要慈悲自己。所以，慈悲要有慈悲的手段。」這就是歷史經驗及後續的思考帶給我們的智慧。

歷史中存在著四個試探，常常被宗教認為是審判的內容：

第一個試探，當受到自認為不平等，暴力的或是不慈悲的待遇時，你的作為是否能一秉初衷，維持你內心的標準？

第二個試探，當你為了完成願望使用了社會族群認為不平等的、暴力的或是不慈悲的手段時，如何面對因此而受傷的失敗者？

第三個試探，在違反了社會族群的共同規範後，你會認錯？認罪？認罰？有所改善？

第四個試探，當時代在進步，你是否能夠守護或建立適當的社會共識與倫理規則？

本思想以為諸多的試探恰恰是對人類過度的自由所創下災害程度的追償行動。天生萬物以養生，人無一物以報天。不僅如此，還要假借自由之名，上帝之名用低下手法，施展蛇之罪，屠殺同類，奴隸同類。如果沒有審判，這個地球還要活命嗎？

記得《悲慘世界》的尚萬強嗎？在他逃脫監獄，在他偷了神父的銀器，在他數次的罪惡中得以逃脫，最後當他成為重要人士，在大眾前面展示其慈悲，盡其所有的能力幫助窮人脫離苦難，他的罪就能得到救贖。重點在保存宗教的核心對於寬恕的堅持，增加對現代人性的理解，丟棄過去不合時宜的細節，才是宗教的進步。

既然宗教內的神祕已經不稀奇了，對宗教經文或是對內心的罪惡感覺就乏了，不再相信善有善報、惡有惡報，天堂、地獄、來生之說。

在新世紀的今天，當沒有奴隸、沒有階級、沒有嫡庶、斷念即無功德、告解可卸心責、地獄疑似無魔時，所有的宗教已無法自圓其說，沒有權力的信仰，無法讓人信服，生活在大千世界的人們，不會去想了解彼岸的心靈提升。現實的例證才能震攝云云大眾。歷史的責任即在於此。

道德是要看場合的，在戰爭的狀態下，講道德就會導致失敗淪為奴隸或死亡。善良是要有條件的，當你正在飢餓，沒有自由，遭人恐嚇，有死亡威脅時，是無法保持善良。可是對生活富裕，無憂無慮時，道德就該逐步提升，這才是信仰的開始。

歷史中，必須認清楚工業革命的現實及重商格局，也因此必須加強人民的思辨能力；法治執行的能力與新倫理秩序的建立，這是傳統的宗教所沒有辦法做到的。

事實上老天給了每個民族一些機會能夠展現其優越，在歷史長河中輝煌過一陣，但也同時給了各族一個融合他民族的可能，使得基因互換，促成大同境界，所以在西方，我們看到猶太人被打散到每個國家與當地人結合，在文明的移動中有將各民族融合。在東方，一個靜態的文明，影響周邊領域，才有唐朝的日本，明朝的韓國，宋朝的越南等等的說法，事實上現今的中國不是只有漢人，文明是揉合了各個民族的精華而成的國家，俗約成就了這個文明的延續。

在歷史長河中，每個時代都有其對待族群內部的秩序，總是要歸納出一套方法，讓社會能夠平和的生活，延續生命。今天的社會人類已經逐漸感受不到恐懼——對生命的威脅，包括來自於獨裁政體的屠殺等等，因此重新塑造人物故事，建立道德標竿，使得社會得以重新提升。

湯瑪斯皮凱提說歷史的教訓可用來對正義與平等有更高的要求。把不平等視為是自然根植或由科技變遷所驅動，是錯誤的想法。這些不平等的真正原因是來自政治與意識型態，因此要予以挑戰是件更容易的事。

歷史充滿了趨勢的發展，顯示出感性的消亡，透露出成功的密碼，勾勒出失敗的足跡。歷史更讓算命者、燒香者，找到他們的信仰與依靠。須謹記沒有實力，是沒有感性自由的機會。

新時代的人們更要清楚，文明不是憑空得來的，如果沒有太平盛世、沒有閒暇餘思、沒有進取精神、只有戰爭拼鬥、只有限制生活、只有因循苟且，哪裡會有什麼文明出現，現在沒有遇到生活困難、沒有遭到戰亂襲擊的人們，如果不能感恩歷史文明所帶來的幸福，只一味的要求樣樣自由、要求生活品質，卻不知感恩於過去、策進於將來，缺乏信仰缺乏對靈的要求缺乏對天地萬物的責任心。只能等待機器人將人們淘汰於未來。

海巴夏：「將迷信當作真理來教育大眾，是最可怕的事情」

繼聖云：當時蒙昧，信者怎知他們在迷信之中，或可原諒。現今教育普及怎知偏信之風依然，陷於諸多主義之中！主義是個什麼東西，神佛不懂！神佛不懂主義？如何可以安撫人心！

搜神記卷六：若四時失運，寒暑乖違，則五緯盈縮，星辰錯行，日月薄蝕，彗孛流飛，此天地之危診也。

繼聖云：天地乖違有其徵兆，無視徵照，危時求神，如何能有回應！

繼聖云：零和遊戲，回溯蠻荒，是沒有進化的象徵。協商爭執，融合不同，共同獲利，諒解不得已，才是進化的象徵。

亞當斯密：群體的幸福來自於仁慈與公平，個人的幸福來自於節制生活

繼聖云：非理性故事千千萬，唯有理性才有生存空間。

墨子修身：戰雖有陣而勇為本；喪雖有禮而哀為其本；士雖有學而行為本。置本為不安者，無務豐末。

繼聖云：史雖有陳，而理為其本；史雖有述，而慧為其本。聚眾卻無德，貪利卻只知肥己，亦無務豐末。

國家圖書館出版品預行編目資料

二十一世紀審判的源起／若逢木子著. --初版.--
臺中市：白象文化事業有限公司，2022.6
面； 公分
ISBN 978-626-7105-69-6（平裝）
1.CST: 靈修
192.1 111004412

二十一世紀審判的源起

作　　者　若逢木子
校　　對　若逢木子
發 行 人　張輝潭
出版發行　白象文化事業有限公司
412台中市大里區科技路1號8樓之2（台中軟體園區）
出版專線：（04）2496-5995　傳真：（04）2496-9901
401台中市東區和平街228巷44號（經銷部）
購書專線：（04）2220-8589　傳真：（04）2220-8505
專案主編　李婕
出版編印　林榮威、陳逸儒、黃麗穎、水邊、陳媁婷、李婕
設計創意　張禮南、何佳諠
經紀企劃　張輝潭、徐錦淳、廖書湘
經銷推廣　李莉吟、莊博亞、劉育姍
行銷宣傳　黃姿虹、沈若瑜
營運管理　林金郎、曾千熏
印　　刷　基盛印刷工場
初版一刷　2022年6月
定　　價　250元